Rainer Gerckens

CONIL

DE LA FRONTERA

EIN VERMÄCHTNIS

Zum Buch

Von Stränden, Flut und Kaperfahrern, von
der Romería de San Sebastián, dem „Battle of
Conil", dem weißen Ort am Atlantik und seinen Bewohnern wird in diesem Bericht er-
zählt, der zugleich zu einem historischen Vermächtnis geworden ist.

Zum Autor

Prof. em. Dr. phil. Rainer Gerckens, M. A. ist
Kultur- und Sozialwissenschaftler, lebt in
Hamburg und verbringt seit mehr als zwanzig
Jahren Herbst- und Wintertage im Süden.

Rainer Gerckens

CONIL

DE LA FRONTERA

Ein Vermächtnis

Hamburg 2024

Rainer Gerckens
Conil de la Frontera
Ein Vermächtnis
Hamburg 2024

Bibliografische Information der Deutschen Nationalbibliothek:
Die Deutsche Nationalbibliothek verzeichnet diese Publikation
in der Deutschen Nationalbibliografie; detaillierte bibliografische Daten sind im Internet über http://dnb.dnb.de abrufbar.

Gestaltung: Barmbeker Werkstätten, Hamburg
Umschlagbild: Bremont, Laurent; Michelot, Henri: Nouvelle
Carte de la Baye de cadis et du détroit de Gibraltar, Marseille
1718 (Ausschnitt)
Herstellung und Verlag: BoD – Books on Demand,
Norderstedt

ISBN: 978-3-7583-7299-5

DAS VORWORT

„In anderen Ländern hat das schnelle Reisen seinen Zweck. In Andalusien soll man langsam reisen."

Ernst von Hesse-Wartegg, Weltenbummler, 1894

Woher dieser Drang zu reisen überhaupt kommt, habe ich nie so richtig verstanden. Es ist zweifelsohne eine Errungenschaft der bürgerlichen Gesellschaft im Europa des 18. Jahrhundert, genauso wie etwa der Spaziergang. Dies alles sind Verhaltensweisen, die anderen Kulturen völlig fremd sind. In Tanger geht kein Mensch spazieren. In Tunis hat eine Reise immer einen ganz bestimmten Zweck, zumeist einen ökonomischen Nutzen. In Mitteleuropa hingegen ist das Spazierengehen und das Reisen zum Selbstzweck geworden. Man reist eben, weil man reist. Karl Baedeker zitiert 1873 den Dichter Johann Michael Moscherosch alias Philander von Sittewald: *„Wer reisen will, Der schweig fein still, Geh steten Schritt, Nehm nicht viel mit, Tret an am frühen Morgen, Und lasse heim die Sorgen."* Diese bereits 1650 formulierte Sentenz verweist bereits auf das Reisen als Selbstzweck, jenseits der Bildungsreise, wie sie mit den Kavaliersreisen des Hochadels und Goethes Italienreise im 18. Jahrhundert populär wurde.

Und doch ist da etwas, was auch mich treibt. Es ist weder die Suche nach Menschen, Dingen oder Ideen. Es ist auch nicht die Flucht aus den vermeintlichen eigenen Widrigkeiten und Fesseln.

1: Conil de la Frontera und Jerez de la Frontera im 16. Jahrhundert

Es ist aber sicherlich eine gewisse Neugier, ein Interesse an dem Neuen und dem Anderen, ein undefinierbarer Wunsch nach dem Erfassen und dem Verstehen der Welt. Denn dass die Welt anderenorts ganz anders aussieht, ist ja keine Neuigkeit. Georg Braun und Frans Hogenberg haben schon im 16. Jahrhundert diese Neugier zu befriedigen gewusst, indem sie zweihundertdreißig Stadtansichten unter dem Titel *Civitates Orbis Terrarum – Städte der Welt* in Köln auf den Markt brachten (Abb. 1 und 56). So konnte man sich zumindest ein Bild davon machen, wie die Welt anderenorts aussieht. Mit der Entwicklung von Technik, Verkehrswegen und Infrastruktur ist das Reisen im Laufe der Jahre weniger beschwerlich geworden. Bereits die Eisenbahn hat im 19. Jahrhundert *„die alltäglichen Erfahrungsräume nachhaltig verändert. Raum und Zeit sind seitdem nicht mehr, was sie einmal waren"*, wie Wolfgang Schivelbusch es 1977 in seiner brillanten Studie über die Eisenbahnreise formuliert hat.

Der Individualverkehr und die Flugreise des 20. Jahrhunderts hat diese Entwicklung weiter beschleunigt. Heute hier, morgen da, - das ist mehr als nur ein Songtext, das ist nunmehr zu beinahe jeder Zeit und rein technisch auch zu beinahe jedem Ort möglich.

Und zugleich versucht die geneigte Autorenschaft und auch das geneigte Publikum, *„das industrielle Reisen als neue Wahrnehmung der Welt zu beschreiben"* (Schivelbusch 1977) und zu verstehen.

Dass eine Reise immer auch Aufbruch bedeutet, Loslassen von Vertrautem, ein gewisses Risiko (trotz Reiserücktritt-, -haftpflicht-, -gepäck- und -Corona-Versicherung) ist geläufig. Zur Not hilft auch mal der ADAC sowie ein aufgeladenes Mobiltelefon. Insofern haben sich die Risiken minimiert. Das war nicht immer so. Gerade die Seereisen bargen so manche unverhoffte Überraschung. Man muss ja nicht gleich in die Sklaverei verschleppt werden, wie es doch tatsächlich manchem Reisenden ergangen ist. Vielleicht ist es aber auch genau dieses Quäntchen Risiko, das übrig bleibt, um auch eine moderne Reise im 21. Jahrhundert noch ein wenig zum Abenteuer werden zu lassen. Die Tramptouren durch Europa in den siebziger Jahren waren es allemal. Nun reist es sich entspannter. Und das ist auch gut so. Man muss die Reise seines

Lebens ja nicht in einem Schlafwagen verbringen.

Der Dithmarscher Friedrich Hebbel (1813-1863) formulierte bereits in einem Brief von 12. Mai 1837 an seine Freundin Elise Lensing: *„Eine Reise ist ein Trunk aus der Quelle des Lebens, und diese wird Dir wenig kosten und gewiß viel Genuß bringen."* Was die Kosten angeht, so lässt sich zumeist mit Hinblick auf den Komfort einiges variieren. Hebbels Zuversicht auf den Genuss entspricht ganz seinen positiven Erwartungen. Mit dieser Einstellung lässt es sich auch heute noch ganz hervorragend reisen.

Rainer Gerckens
Hamburg, im April 2024

÷ ÷ ÷ ÷ ÷

1

Der Anlass

„Christian Gerckens hatte drei Kinder. Der 1657 geborene Sohn war Jacob Gerckens. Margareta wurde 1660 geboren und heiratete 1682 Franz Ellerbrock. Hinrich folgte 1663 und verheiratete sich 1698 mit Elisabeth Mehns."

Die Gerckens, Eine Hamburger Familienchronik, 2022

An den Küsten der Iberischen Halbinsel, insbesondere am Mittelmeer und am westlichen Atlantik, finden sich alte turmartige Gemäuer, die sich wie an einer Perlenschnur aneinanderreihen. Sie stammen zum Teil aus antiker Zeit, zum Teil aber erst aus dem 15. und 16. Jahrhundert, wo sie als Signaltürme erbaut wurden, um vor drohenden Piratenangriffen von der Meeresseite zu warnen (Abb. 2). Wie notwendig diese Türme waren, zeigt sich darin, dass zahlreiche alte spanische Städte ihren Kern abseits vom Meer in felsigen Höhen hatten.

2: Signalturm am Mittelmeer bei Algarrobo

Die küstennahen Siedlungen entstanden häufig erst im 19. Jahrhundert, als die Piratengefahr, ausgehend von den Korsaren der südlichen Mittelmeeranrainer, weitgehend gebannt war. Erst mit der Einnahme von Algier durch die Franzosen 1830 endeten die Kaperfahrten im Mittelmeer. In erster Linie galt diese Form der Piraterie den Handelsschiffen und deren

Besatzungen, die in die Sklaverei entführt wurden und deren Lösegeldzahlungen erheblich zu den Staatsfinanzen der südlichen Mittelmeeranrainer beitrugen.

Auf einem Kupferstich von 1575 von Georg Hoefnagel (1542-1600) zeigt sich der Überfall auf ein Handelsschiff vor der spanischen Küste zwischen der Straße von Gibraltar und Cádiz (Abb. 3 und 56). Seinerzeit wird ein mehrmastiges Handelsschiff von drei mit Rahsegeln ausgestatteten Korsarenbooten angegriffen.

3: Korsarenüberfall südwestlich von Conil, aus: Braun/Hogenberg: Vegel, 1575

Hier hatten die Kauffahrer keine Chance, solange sie nicht im Konvoi fuhren und von Kriegsschiffen begleitet wurden. Dass es mit diesem Piratenunwesen eine Relevanz auch für meine Familie haben sollte, war mir bis zu diesem Winter nicht bewusst gewesen. Aber der Reihe nach.

Es war im Jahre 1727, als die Hamburger Brigg „Anna Magdalena" mit achtzehn Mann Besatzung über Porto, durch die Straße von Gibraltar über Malaga nach Alicante segelte. Man fuhr damals im Konvoi von zwanzig Schiffen, unterstützt von einer Fregatte der Hamburger Admiralität, um gegen Korsarenangriffe gewappnet zu sein. Die Hinfahrt verlief ohne Zwischenfälle. Von der Rückfahrt Ende des Jahres berichtet der Bootsmann Eicke Petersen in folgendem Text:

Als wir am Neujahrstag durch die Straße (von Gibraltar) gekommen waren und in den freien Atlantik ausliefen, atmeten wir alle auf. Denn jetzt war die größte Gefahr vorüber... Aber gegen Abend kam Nebel auf, und bald danach sahen wir Feuerschein und hörten das Krachen der Kanonen, der schweren von unserer Convoy.... Bald darauf schoß es überall, aber man konnte im Nebel nichts erkennen und wußte nicht, ob es Freund oder Feind war... Jedenfalls wollte Kapitän Cornelsen mit der Anna Magdalena dicht unter Land bleiben, weil der Hafen von Cádiz, den der Geleitzug anlaufen sollte, nicht mehr weit war... Der Geleitzug geriet ganz außer Sicht. Der Lärm der Kanonen entfernte sich, die Dunkelheit kam schnell. Schneller noch war auf einmal die Brandung da, es gab ein schurrendes Geräusch unterm Kiel, und mit einem Ruck lief das Schiff auf... Aber als der Morgen graute, tauchte plötzlich ein Korsar aus dem Nebel auf und setzte auch schon Boote aus, die auf die Brandung zuhielten... Jetzt war das Schiff verloren und es ging nur noch darum, die Mannschaft zu retten. Der Steuermann jagte uns alle in die Schaluppe und blieb allein mit dem Kapitän und dem Geschützmeister an Bord."

Die Mannschaft konnte sich retten, segelte nach Cádiz und traf dort wieder auf den Konvoi, der sie mit zurück nach Hamburg nahm. Kapitän, Geschützmeister und Steuermann wurden gefangengenommen und nach Algier gebracht, wo sie als Sklaven arbeiten mussten. Nur der Steuermann überlebte

die Gefangenschaft nicht. Sein Name lautete:
Hinrich Gerckens.

4: *Familienurkunden Gerckens*

An dieser Stelle des Berichts legte ich das Buch, das den Text beinhaltete, aus der Hand. Konnte es sein, dass es da einen Zusammenhang mit der eigenen Familie gab? Das war doch wohl kaum möglich. Oder doch? Die Herkunft des Berichtes war durchaus zweifelhaft, ein Autor mit undurchsichtiger Vergangenheit, keine eindeutigen Quellenhinweise. Andererseits gab es in der Familienchronik aber tatsächlich einen Hinrich Gerckens, irgendwann vor 1700 geboren, der als jüngster von drei Geschwistern keine Möglichkeit hatte, den elterlichen Hof in Hummelsbüttel zu übernehmen (Abb. 4). Sollte er nach Hamburg gegangen und dann zur See gefahren sein? Möglich war dies schon.

5: Südwestliches Andalusien mit der Straße von Gibraltar

Mir ließ die Geschichte keine Ruhe. Ich suchte eine alte Spanienkarte aus meiner Kartenkiste raus und schaute mir den Küstenverlauf zwischen der Straße von Gibraltar und Cádiz an (Abb. 5). Es waren rund einhundert Kilometer. Ich fragte mich, wo wohl die größten Sandbänke auf dieser Strecke lagen. Und sehr schnell wurde mir bewusst, dass das nur die breiten Sandstrände vor Conil sein konnten, wo die Brigg einst auflief und Hinrich Gerckens in Gefangenschaft geriet. Diesen Ort musste ich nun einfach kennenlernen. Zumal mir die spanische Atlantikküste bislang unbekannt war, aber schon immer reizvoll für einen Besuch erschien. Ich empfand das alles letztlich als Auftrag, um Licht in dieses finstere Kapitel der Familiengeschichte zu bringen.

2

DAS ANKOMMEN

„Conil, bedeutende spanische Stadt an der Meerenge des Herkules, durch einträglichen Thunfischfang bekannt."

Georg Braun, Verleger, 1572

Ich komme von Süden, von Algeciras, wo der kühle Januarwind am späten Vormittag noch kräftig ins Gesicht bläst. Entlang der Küste geht es, entlang des weiten Surferstrandes bei Tarifa, ganz unten, kurz hinter Gibraltar, wo sich die Wohnmobilbesitzer aus dem winterlichen Norden gegenseitig in die Frontscheiben schauen. Die Flucht vor der Kälte ist es, die sie zu dieser Jahreszeit in den Süden treibt. Hier lässt es sich überwintern, zwischen

Gleichgesinnten und Andersgesinnten, im Luxus-Fünftonner oder im T3-Bulli von 1979. Manch einer hat sogar sein Surfbrett mitgebracht und versucht in der bewegten See seine erste „Grüne Welle" zu meistern, wobei es darum geht, einfach nur stehenzubleiben und nicht gleich ins Wasser zu fallen.

Vorbei geht es an Pinienwäldern, über sanfte Hügel auf einer völlig leeren N-340, die jetzt, an einem Wochentag im Januar, kaum genutzt wird. Schnurgerade zieht sich die Piste durch eine baumlose Brachlandschaft. Weite Wiesen und Steppen, hier und da eine Rinderherde oder ein einsames Gehöft, das mit seinen massiven, wehrhaften Einfriedungen eher an ein Kloster, denn an einen landwirtschaftlichen Betrieb anmutet. Vorbei geht es im Osten an dem 200 m hoch gelegenen Felsen von Vejer de la Frontera. Hier geht die Landstraße in eine Autobahn über, die bis nach Cádiz führt. Doch soweit soll es nicht gehen. Schon wenige Kilometer hinter Vejer leuchtet ein weißer Berg in nordwestlicher Richtung, dort wo die weite Landschaft sich aus der Niederung des Saladoflusses erhebt und in einen grünen Pinienwald übergeht (Abb. 6). Wie eine amorphe Masse überzieht die flache leuchtende Dorflandschaft den Hügel, der sich bis zum nahen Meer erstreckt: Conil oder genauer gesagt, Conil de la Frontera ist in Sicht.

6: Conil de la Frontera im Morgenlicht

Es geht noch wenige Kilometer auf der Autobahn nach Norden, bevor ich die Abzweigung zum Meer nehme und das weiße Dorf von Osten aus ansteuere. Unzählige Kreisverkehre werden passiert, bevor sich die

Straße auf den Hügel windet. Zahlreiche Neubauten, wohl nach 2000 entstanden, erwecken ein gemischtes Gefühl, was die erste Empathie für den Ort angeht. Doch eines zeichnet sie alle aus: sie sind rechteckig, würfelartig und weiß und überragen in der Höhe kaum die Vorgängerbauten. Insofern fügen sich auch die neuen Architekturen in das Bild des Ortes, der schon aus der Ferne weiß in der Sonne leuchtet.

Hinter der Abzweigung nach El Palmar geht es hinunter Richtung Meer. Die Häuser werden schlichter und beschaulicher. Und dann ist plötzlich das Wasser zu sehen, die breiten Strände und die Wellen, die meterhoch und Gischt spritzend das Ufer erreichen. Die Parkplätze links und rechts der Straße, auf befestigen Wegen und unbefestigten Randstreifen sind zu dieser Jahreszeit leer. Ich kann direkt zum Strand vorfahren und den Wagen an der Düne ausrollen lassen. Die menschenleere Promenade Conils liegt vor mir, bis in den Sand sind es nur wenige Meter.

Ich steige aus und bin überrascht von der milden Luft und der leichten Brise, die mich an diesem Wintertag umweht (Abb. 7). Ein taumelndes Glücksgefühl überkommt mich: endlich der dunklen, düsteren Zeit des vergangenen Jahres entschwunden, endlich dem trüben Norden entflohen und endlich dem Licht des Südens ganz nahe. Weiter nach Südwesten, der Helligkeit entgegen, geht es kaum. Ein weiter Horizont bestimmt den Moment. Von hier an: nur noch Wasser. Erst weit dahinter liegt Amerika.

7: Conil de la Frontera von der Meeresseite

Conil ist das Ende, das Ende der Alten Welt, hinter dem die Menschheit Jahrhunderte lang den Abgrund der Erdscheibe vermutete. Endlich bin ich hier in Conil angekommen, um ein neues Jahr zu beginnen, um Ruhe und Abstand von den vergangenen Monaten zu finden und um hier für die nächsten Lebensschritte neue Energien zu sammeln.

3

DER ORT

„Conil gibt mir viel Sicherheit. Ich reise viel, aber man braucht immer einen Ort, an dem man neue Energie tanken kann. Ich liebe es, Spaziergänge am Strand zu machen, Sonnenuntergänge... Damit reinigst du dich selbst und bist bereit, mit anderen Arbeiten zu beginnen. "

Adrian Torres, Maler, 2019

Die Unterkunft liegt nur wenige Minuten entfernt vom Strand. Bei Evelyn und Jochen haben wir uns für die nächsten Wochen eingemietet. Ihnen gehört die Casa Limon, ein fantastischer Neubau direkt oberhalb des südlich an Conil vorbeifließendem Rio Salado. Ganz in Weiß und in rechteckigen Kuben aufgebaut ragt das zweigeschossige Gebäude hinter Pinien in den Himmel (Abb.8). Mich erinnert das Gebäude, ja ein großer Teil von Conil, an die Weißenhaussiedlung in Stuttgart, die nach Plänen von Mies van der Rohe in den zwanziger Jahren im Bauhausstil errichtet wurde.

8: Casa Limon am Hang des Rio Salado

Vom Obergeschoss der Unterkunft aus lässt sich das weite Morgenlicht bis zum Horizont erfassen (Abb. 9). An klaren Tagen ist sogar das afrikanische Küstengebirge bei Tanger zu erkennen. Eine schmale Stiege führt auf die Dachterrasse, von wo der Blick über die Dächer die Größe Conils erkennen lässt. Und am Abend sehe ich die Sonne ganz im Westen im Meer versinken. Das Haus ist perfekt ausgestattet und lässt keine Wünsche für die kommenden Wochen aufkommen: vom verzierten hölzernen Türknopf am Wandschrank über die kleinen marokkanischen Döschen auf dem Sekretär bis zum Frieda Kahlo-Porträt auf der Toilette, - hier stimmt jedes Detail. Zudem sind die Gastgeber, die ich kurz treffe, charmant und zuvorkommend, wie man es sich nur wünschen kann.

9: Sonnenaufgang über dem Rio Salado

In den Ort hinein sind es nur wenige Schritte. Und schon befinde ich mich in den engen Gassen einer arabisch anmutenden

Kleinstadt. Sich in Conil verlaufen? Kein Problem! Da sind nur ein paar Straßenbiegungen zu nehmen und schon hab ich das Gefühl, zwischen den weißen Häuserwänden nicht mehr weiter zu wissen (Abb. 10).

10: In den Straßen von Conil

Hier ein Innenhof, dort eine Sackgasse, ging es zurück nach links oder rechts? War der kleine Bäcker nicht hier um die Ecke? Oder dort drüben, irgendwo hinter der nächsten Abzweigung? Welchen Weg ich in diesen schmalen Gassen auch nehme, nach wenigen Metern bietet sich ein neuer Anblick und dennoch sieht alles ganz ähnlich aus. Autos treffe ich nur auf ganz wenigen Straßen, da die meisten Wege einfach zu schmal für Motorfahrzeuge sind. Conil erschließt sich mir zunächst ganz und gar nicht. Erst nach einigen Tagen finde ich mich hier zurecht, - dann, als ich beginne, mich an markante Punkte zu erinnern und an bestimmten Abzweigungen zu orientieren.

11: An der Avenida de la Playa

Die Ortsstruktur lässt sich am besten von der Meeresseite aus erfassen (Abb. 11). Dort, an der unteren Promenade, finden sich zwei Bars, zwischen denen sich die Avenida de la Playa – wie sollte sie auch sonst heißen –

den Berg hinaufzieht. Es ist der einzige Zugang zum alten Conil, der direkt auf die Plaza Santa Catarina führt, wo der mächtige Torre de Guzman mit seinen markanten Zinnen neben der alten Kirche Santa Catalina steht (Abb. 12).

12: Tore de Guzman

Links des Turmes ist noch ein Stück der alten Stadtmauer zu sehen, die den Ort einst umfasste. Weiter geht es nach Norden, den steilen Berg hinauf. In der Casa Manuela auf der linken Seite kaufe ich ein leckeres frisches Brot. Wer es mag, bekommt hier auch ein Hernaza Salamanca, eine mit Käse-Thunfischfüllung überbackene Teigtasche. Nach rechts gelegen erreiche ich die kleine Plaza España, ausgestattet mit einem etwas pathetischen bronzenen Denkmal für den Dichter José Saramago von 2007, geschaffen von dem aus Trebujena stammenden Bildhauer Augusto Arana (geb. 1969). Wenige Meter oberhalb des Platzes endet auch schon die Altstadt von Conil an der Puerta de la Villa, dem nördlichen Stadttor (Abb. 13).

13: Puerta de la Villa

Zwischen diesen 300 Metern, die in knapp fünf Minuten zurückgelegt sind, befindet sich

der Ortskern des mittelalterlichen Conil. Im
16. Jahrhundert wurde außerhalb der Stadtmauern, auf dem nicht weit entfernten Hügel
nordwestlich des Stadttores eine neue Kirche
errichtet (Abb. 14).

Auf einem Kupferstich von 1575 aus dem
Städteatlas von Georg Braun und Frans
Hogenberg trägt die neue Kirche noch den
Namen „Nostra Senora de las Virtudes", der
Schutzpatronin der Stadt (Abb. 1).

14: Nostra Señora de las Virtudes

Damals war die 1567 errichtete Wallfahrtskir-
che noch Teil des dortigen Franziskanerorden
der „Frailes Mínimos de San Francisco de

Paula". Erst später erhielt sie den Namen der alten Kirche neben dem Guzmanturm. Heute dient die alte Kirche als Kulturzentrum Conils für verschiedene Veranstaltungen. Im 16. Jahrhundert sollte die Stadtmauer scheinbar nach Norden erweitert werden, um die neue Kirche in den städtischen Ring einzubeziehen. So lässt es sich zumindest auf dem Kupferstich erkennen.

Das lebendige, urbane Conil erschließt sich mir erst, als ich den Weg durch das Stadttor weiter bergauf fortsetze. Hier reihen sich die ersten Textil- und Schuhgeschäfte aneinander. Am Kreisverkehr, wo auch der Autoverkehr zunimmt, befinden sich Apotheke, Optiker und weitere Einkaufsläden. Damit ist die Innenstadt von Conil erschlossen. Ein Stückchen weiter hoch geht es noch zur neuen Markthalle, wo täglich frische Ware angeboten wird.

Der Rückweg führt vorbei an der alten Windmühle über das westlich gelegene Fischerviertel, das „Barrio de los Pescadores", das einem verwunschenen Gängeviertel gleicht (Abb. 15). Und schon bin ich wieder in Strandnähe und kann mich am Meeresrauschen orientieren, denn letztlich führt es einen auch in Conil immer wieder zum Wasser.

15: Barrio de los Pescadores

Fragt man sich, wo die zwanzigtausend Conilenser wohnen, so sind es zumeist die nach Norden befindlichen neueren Bauten, die sich Richtung Umgehungsring orientieren. Aber auch die Altstadt ist gut bewohnt. Die alten Männer Conils trifft man entweder in einer der beiden gegenüberliegenden Kneipen an der Pasqual Junquera, in der Bar Peña oder dem Hostal Maria José. Oder aber sie sitzen am Abend unter den Palmen unten an der Brücke über den Rio Salado auf den schwungvoll gestalteten Eisenbänken und philosophieren über die kleinen und großen Erlebnisse des Tages. Langsam bekomme ich einen Eindruck von diesem weißen Dorf am Rande des Ozeans.

DAS MEER

„Das Meer ist der letzte freie Ort auf der Welt."

Ernest Hemingway, Schriftsteller, 1952

S tille sucht man in Conil vergeblich. Das erscheint an kilometerlangen, menschenlee-
ren Stränden zunächst verwunderlich. Doch
es ist nicht der Lärm aus dem Ort, der die
Stille verschluckt, sondern das immerwäh-
rende Rollen der Wellen an den Strand. Das
Meer ist in Conil allgegenwärtig, tags wie
nachts. Die doppelt verglasten Fenster können noch so dick sein. Das Brausen des Meeres durchdringt sie zu jeder Zeit. Und gerade
in der Stille der Nacht tost die nie enden wol-

lende Brandung über den Ort und die anliegenden Felder. Ich nehme das Brausen des Meeres des Nachts mit in meinen Schlaf. Es wird schnell zu einem angenehmen Begleiter hinein in die Dunkelheit und in die Träume.

16: Wassersport und Meeresrauschen in Conil

Zu dem Rauschen der Brandung trägt erheblich der Wind bei. In Conil herrscht nur selten eine Flaute. Ganz häufig ist es der Westwind, der vom Atlantik kommt und die großen Brecher in Richtung Strand treibt. Dann ziehen die Surfer, Windsurfer und Kiter hinaus aufs Meer, kämpfen sich durch die Schaumkronen und warten auf die eine große

Welle, von der sie wieder daheim ihren Freundinnen und Freunden erzählen (Abb. 16). Die ein Welle, die so ganz anders ist, als die anderen, die einen vorher und hinterher an Land spülen. Die eine Welle, die manchmal auftaucht und für immer im Gedächtnis haften bleibt, oder auf die manches Mal vergeblich gewartet wird. Sei es, man verpasst den richtigen Moment oder aber man scheitert an der unerwarteten Kraft und der ungeheuren Dynamik des brechenden Wassers und landet im schäumenden Strudel.

Die Coniler Surfer haben sich mit ihren Wohnmobilen überwiegend an der nördlich gelegenen Playa La Fontanilla niedergelassen. Hier sind es zum einen die jungen Familien mit ihren Kindern, die noch nicht schulpflichtig sind, zum anderen die sportlichen Mittdreißiger, die ihre Herausforderung suchen oder aber die „Silver Generation", die im temperierten Camper die südliche Sonne genießen. Das große Fischrestaurant am Strand bietet für jeden Geschmack etwas, soweit man sich nicht selbst versorgt. Im Januar ist es jedoch geschlossen. Da trifft man sich dann auf ein Bier und ein Glas Wein im Chiringuito El Curro Jiménez, schlicht und einfach, aber mit einem gekühlten Getränk in der Hand, den Füßen im Sand und dem Blick auf das Meer ist es ein idealer Ort, um die Seele baumeln zu lassen (Abb. 17).

17: Chiringuito El Curro Jiménez

Weiter nördlich schließt sich die kleine Playa Fuente Del Gallo an. Sie ist aber nur bei Niedrigwasser von hier aus zu Fuß zu erreichen (Abb. 18). Bei auflaufendem Wasser muss man schon die Wellen im Blick haben. So muss ich mich zweimal auf die Felsen retten, als das Wasser unverhofft bedrohlich näher kommt. Gefühlt ist jede dreißigste Welle höher, als die anderen. Dafür kommt sie immer überraschend und lässt einen schnell das Trockene suchen.

18: Playa Fuente del Gallo

Der Stadtstrand der Conilenser ist die große Playa de Los Bateles, unmittelbar vor dem Ortskern gelegen. Derzeit ist sie überschwemmt, wenn der Westwind die großen Brecher über den Strand wirft. Dann sammelt sich das Wasser vor der Promenade zwischen den Dünen. Bisweilen leckt das Meer auch schon mal am Beton der hiesigen Straße.

Nach Süden wird der Strand vom Rio Salado begrenzt. Er liegt am Ende des Hügels von Conil. Jenseits des Flusses beginnt eine kilometerweit reichende Fläche aus Lagunen, Brach- und Weideland sowie aus Ackerflächen, die zunächst bis nach El Palmar reichen, darüber aber hinausgehen und erst am Kap Trafalgar enden.

Der Fluss, der seinen Namen Salado als „salziger Fluss" trägt, zeigt an, dass es sich hier nicht nur um das Wasser des umliegenden Hügellandes handelt, sondern zugleich um Brackwasser, das mit wechselnden Gezeiten in den Fluss hineingetragen wird. Die Tierwelt scheint das nicht zu stören, denn eine große Anzahl gar nicht kleiner Fische ist beim täglichen morgendlichen Spaziergang mit bloßem Auge zu erkennen. Auch die Angler am Ufer machen es sich nicht schwer. Hier wird ganz ohne Angelroute mit einem einfachen Faden und einem angebundenen Köder geangelt. Das kann auch schon mal ein kleiner Oktopus sein.

Bei Niedrigwasser schafft es der Fluss nicht, bis ins Meer vorzudringen. Dann versandet er für die nächsten Stunden in einer seichten Lagunenlandschaft, die ohne Probleme zu Fuß durchwandert werden kann.

19: Conil 1942/43, Army Map Service, Royal Air Force, U.S. Army

Nicht immer nahm der Rio Salado diesen Verlauf (Abb. 19). Bis in die siebziger Jahre schlängelte er sich am Ortsrand von Conil entlang und mündete erst am nördlichen Ende in das Meer. Auf alten Ansichten lässt sich dies gut erkennen (Abb. 1). Seinerzeit grenzte das Stadttor an einen kleinen

Strandstreifen, auf dem die Fischerboote lagen. Auch auf alten Fotografien der siebziger Jahre lässt sich erkennen, wie die vorderen Gaststätten von den Winterstürmen einst bedroht waren. Erst die Aufspülungen in den folgenden Jahren ließen den Fluss sein Bett verändern. Zudem waren damit neue Flächen geschaffen, die heute entweder bebaut sind oder als Parkfläche für die unzähligen sommerlichen Touristen dienen.

5

DIE FLUT

„Mit einem Courier von Lissabon, welcher den 3ten, des Nachmittags um 4 Uhr, allhier eingetroffen ist, hat man die Nachricht erhalten, daß am 1sten dieses, des Morgens gegen 9 Uhr, ein Erdbeben daselbst seine Wirkungen mit den fürchterlichsten Umständen und den unglücklichsten Folgen geäußert habe."

Hamburgischer Correspondent, Num. 191, 2. December 1755

Es war der Allerheiligensonntag, der 1. November des Jahres 1755, als sich nicht nur für viele Conilenser, sondern für Zehntausende Menschen das Leben an der europäischen Atlantikküste änderte. Rund dreihundert Kilometer vor Conil begann sich im Meeresboden die Erde aufzutun und ein Seebeben ungeheuren Ausmaßes nahm seinen Lauf. Zunächst ging das Wasser kilometerweit zurück und der Meeresboden lag überraschend völlig frei, wie Augenzeugen berichten. Das war nach heutigen Berechnungen an diesem verhängnisvollen Tag etwa gegen 9:30 Uhr. Dann aber baute sich eine riesige Wasserwand auf, die auf Conil und die ganze Atlantikküste zurollte. Mit einer ungeheuren Macht und einer Höhe von über acht Metern erreichte sie das Festland und riss alles mit sich, was sich ihr in den Weg stellte. Die Wassermassen müssen das gesamte Vorland von Conil überschwemmt haben. Zum Glück lag der alte Ortskern hoch genug, sodass das Wasser aller Wahrscheinlichkeit nach lediglich den Fuß des Guzmanturmes und damit das Fundament der Stadtmauer erreichen konnte. Alle Gebäude davor samt der Casa Chanza, der Thunfischfabrik des Herzogs von Medina-Sidonia, sind von den Wassermassen mitgerissen worden. Die südlich gelegene Tiefebene bis nach Trafalgar wurde komplett überschwemmt. Sechs Kilometer bis in das Innenland gelangten die Wassermassen, wie geologische Untersuchungen gezeigt haben. Von der Fischersiedlung Conileto, drei Kilometer südlich von Conil, blieb nur der zwanzig Meter hohe Turm des Castelnovo stehen (Abb. 20). Von den mächtigen Grundmauern der anliegenden Gebäude sind nur noch die nahezu ebenerdigen Reste zu erkennen. Manche Mauerteile wurden kilometerweit in das Hinterland gespült.

20: Übrig gebliebener Zeuge der Flut von 1755: Turm des Castelnovo

In den Aufzeichnungen der Real Academia de la Historia in Madrid von 1756 heißt es über die Ereignisse in Conil: *„Das Beben begann um 9.30 Uhr und dauerte 7 bis 8 Minuten und verbreitete zu dieser Zeit lediglich Angst und Schrecken. Aber eine Stunde später ging es mit wütender Gewalt in das Meer über und zerstörte zum größten Teil die mächtige Casa Chanza des Herzogs*

*von Medina Sidonia und die alte, die er in Castilnovo besaß,
indem er die Boote, Netze und Takelage der Almadraba und
des Thunfischfangs forttrug. Es zerstörte auch fünf angrenzende
Häuser, den öffentlichen Brunnen und den Turm der Küste,
den sie Chiquita nennen, den er in drei Stücke teilte und in
weite Entfernung warf... Und als das Wasser in Teilen andert-
halb Meilen eindrang, überschwemmte es nicht nur die Pferde-
wiesen, sondern machte auch viele Saatbeete unbrauchbar und
bedeckte den ganzen Boden mit Gestrüpp und Sand."*

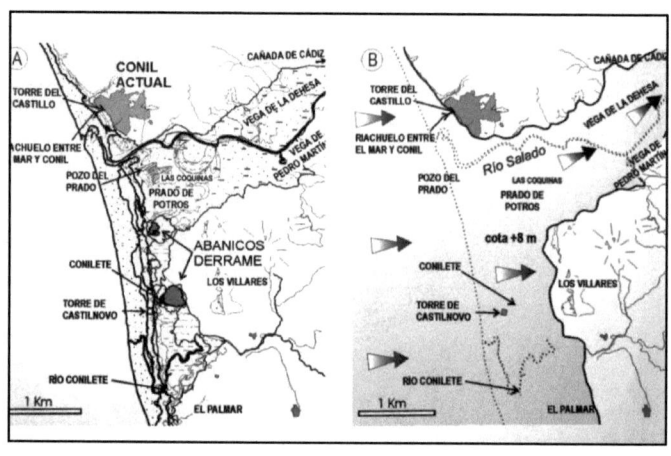

21: Überflutungen von 1755 bei Conil nach Luque et al. (2004)

Zwei Flutwellen sollen es gewesen sein, die
unvorstellbare Verwüstungen anrichte-
ten, bevor die Flut sich zurückzog und alles,
was nicht verankert war, mit in das Meer zog
(Abb. 21). An die sechshundert Rinder,
Pferde und weiteres Vieh sollen in den Fluten

verendet sein. Über die Anzahl der hier er-
trunkenen Menschen ist kaum etwas bekannt.
Im Sterberegister der Pfarrei St. Catalina sollen dreizehn Todesfälle bis zum 11. November registriert worden sein. Bis dahin waren
die Toten aus dem Meer geborgen worden.
Nach anderen Angaben waren es vierund-
zwanzig. Insgesamt sollen an der Küste der
Iberischen Halbinsel und in Marokko an die
hunderttausend Menschen ertrunken sein.
Und auch jenseits des Atlantiks, auf den Kari-
bischen Inseln, soll eine Flutwelle angekommen sein.

Auswirkungen der Flut sollen sowohl in
Südengland und sogar in Glückstadt an
der Elbe wahrgenommen worden sein. 1858
schrieb der Hamburger Chronist Johann Martin Lappenberg (1794-1865): *„Zu Glückstadt
war ungefähr eine Viertelstunde nach dem Ereignisse
zu Lissabon ein ungewöhnliches Erbeben der Elbe
wahrgenommen. Verschiedene mit Ketten und Stri-
cken befestigte Schiffe und Flöße im dortigen Hafen
wurden losgerissen und gegen das Ufer geworfen."*
Und aus Hamburg wusste er zu berichten:
„Auch in Hamburg wurde jene Erdbewegung am 1.

November verspürt, welche nicht ganz unbedeutend gewesen sein dürfte, da noch am 3. Dezember vom Senate eine Untersuchung verfügt ward, ob auch die hiesigen Kirchen, Thürme und Gewölbe damals einigen Schaden erlitten: eine Besorgnis, welche sich jedoch als unbegründet erwies."

Am ärgsten hat es die tiefer gelegenen Städte wie Lissabon getroffen. So ist das Naturereignis in die europäische Geschichte unter dem Namen „Erdbeben von Lissabon" eingegangen, da hier die Auswirkungen besonders schlimm waren und Tausende Lissaboner den Tod fanden. Fünf Tage nach dem verheerenden Erdbeben berichtete die *Gazeta de Lisboa* in einer ersten Nachricht von dem Unheil: *„Der erste Tag dieses Monats wird durch alle Jahrhunderte erinnert werden wegen der Erdbeben und Feuer, die einen großen Teil dieser Stadt zerstört haben."* Die Nachricht breitete sich alsbald in den europäischen Hauptstädten aus. Am 2. Dezember berichtete der *Hamburgische Correspondent* erstmals von dem Ereignis. In Hamburg wurde daraufhin beschlossen, Schiffe mit Hilfsgütern nach Portugal zu entsenden, die allerdings erst im April des Folgejahres ankamen. Auch aus London wurde Hilfe zugesagt. Damit handelte es sich um die erste bekannte europäische Solidarmaßnahme zur Linderung humanitärer Nöte. Inwiefern die Hilfe auch an der spanischen Westküste ankam, ist allerdings nicht bekannt.

22: Iglesia de la Misericordia in Conil von 1775

Für die Conilenser muss das Inferno über Generationen hinweg einen bedeutenden Eindruck hinterlassen haben. Sämtliche Ausrüstungen der Fischer waren weggespült, die große Thunfischfabrik vor dem Stadttor war zerstört, Vieh und Pferde waren ertrunken und das Weideland nebst den Gemüsegärten an den Hängen des Rio Salado waren überflutet und vom Salzwasser vernichtet. Die Not der folgenden Jahre muss immens gewesen sein. Erstaunlicherweise ist heute davon kaum etwas bekannt. Bemerkenswert ist, dass einige Jahre nach dem Naturereignis ein großes Hospiz mit dem Namen „Iglesia de la Misericordia" unweit des nördlichen Stadttores auf dem Fundament eines Vorgängerbaus, möglicherweise einer Moschee, durch Sebastián Sanchez Franco, dem „Grafen der fünf Türme", errichtet wurde (Abb. 22). Mit seiner ungewöhnlich üppigen barocken Fassade diente es als Unterkunft für dreißig Familien. Zudem beherbergt es eine imposante Kapelle mit einer barocken Ausstattung. Ein Zusammenhang der Errichtung mit den Auswirkungen der Flutwelle von 1755 ist mehr als wahrscheinlich.

Ein Seebeben dieser Art ist hier auch heutzutage möglich. Aufgrund von Verschiebungen der eurasischen und der afrikanischen Erdplatten in diesem Gebiet, kann eine Naturkatastrophe dieser Art jederzeit wieder passieren. 2021 kam es zum Erbeben und zum Vulkanausbruch auf La Palma. Und im September 2023 hat die Erde im einhundert Kilometer entfernten Marokko gebebt und für erhebliche Zerstörungen gesorgt. Diese Ereignisse stehen alle in Verbindung mit den geologischen Formationen in dieser Region.

23: Seebebensimulation für Cádiz

Eine Simulation des Seebebens von 1755 für das rund fünfzig Kilometer nördlich von Conil gelegenen Cádiz hat ergeben, dass die Stadt komplett überspült werden würde

(Abb. 23). Entsprechend wurden in den Straßen Hinweisschilder mit Fluchtwegen bei einem Tsunami aufgestellt. Die möglichen Konsequenzen für Conil und die umliegenden Orte sind kaum auszudenken.

6

DER STRAND

„Wenn ich Conil morgen jemandem nahebringen müsste, würde ich ihn als erstes an den Strand führen."

Juan José Poblador, Lehrer und Autor, 2017

So groß der Strand vor Conil auch sein mag, die eigentliche Größe beginnt erst jenseits des Rio Salado, an der Playa de Castilnovo. Von der Casa Limon sind es nur wenige Gehminuten bis zur schmalen Holzbrücke, die Conil mit dem riesigen Strand verbindet.

Ich öffne am Morgen das Tor und muss auf meinem Weg zum Strand nicht einmal eine Straße überqueren. Auf dem schmalen Weg vor dem Haus werden lediglich die Hunde ausgeführt, die heute, am Samstag jedoch nicht so zahlreich sind, wie ansonsten. Die niedrige Morgensonne strahlt mir über die weite Brachlandschaft ins Gesicht. Der Rio Salado scheint noch zu schlummern. Wie ein silbernes Band schlängelt er sich gemächlich am Hang entlang (Abb. 24). Ich schlendere bergab, begleitet von Olivenbäumen, blühendem Klee und Ginstersträuchern. Vorbei geht es am alten Schlachthof, einem futuristischen Gebäude, das 1969/70 errichtet wurde. In den neunziger Jahren wurde es nicht mehr genutzt und dient heute als Casa de la Juventud, also als örtliches Haus der Jugend. In all den Tagen habe ich hier allerdings kaum einen Jugendlichen gesichtet.

Dann geht es weiter entlang des Ufers Richtung der großen Palmen, die unten an der Brücke stehen. Hier sitzt Pablo, so nenne ich ihn, denn er erinnert mich an Akim Tamiloff in seiner gleichnamigen Rolle als Guerillero in der Verfilmung des Hemingwayromans „Wem die Stunde schlägt" mit Gary Cooper und Ingrid Bergman. Hemingway soll übrigens auch in Conil gewesen sein. Allerdings erst 1959, kurz vor seinem Tod.

24: Blick auf Conil vom Strand mit Rio Salado

An seinen Sohn Patrick soll er geschrieben haben: „*Das ist eine Gegend, die ich noch nicht gekannt habe, und sie würde Dir sehr gefallen. In diesem Landstrich werden wir uns in einem Küstenort namens Conil etwas Land kaufen. Da ist noch alles so wie in den alten Tagen, bevor alles kaputtgemacht wurde. Ein prächtiger Strand, nette Leute, eine echt arabische Stadt und gute Fischer wie in Cojimar.*" Doch dazu sollte es nicht mehr kommen. Hemingway starb im folgenden Jahr.

Als ich 1976 Spanien erstmals besuchte, hatte ich den besagten Roman als Urlaubslektüre in meinem Rucksack. Da der Tod

59

des spanischen Diktators Francisco Franco noch nicht mal ein Jahr zurücklag, machte ich mir ernsthaft Gedanken, ob ich damit unbeschadet einreisen könnte, denn eine demokratische Entwicklung des Landes schien noch keineswegs gesichert. Zum Glück schaute niemand in mein Reisegepäck.

Doch zurück zu Pablo. Er sitzt fast jeden Tag vor seinem dunkelroten Nissan, in dem er scheinbar auch wohnt. Dass der Wagen noch fahrbereit ist, lässt sich kaum vermuten, wird jedoch dadurch belegt, dass er immer mal an dem einen oder anderen Tag verschwunden ist, bis er dann wieder wie gewohnt hier an der Brücke auftaucht. Pablo flechtet vor seinem Wagen kleine und große Körbe, die er aus den Fasern der am Fluss wachsenden Sträucher kunstvoll und formvollendet zusammensetzt. Der Umsatz jetzt zu Jahresbeginn ist eher mäßig. Erst zum Frühjahr oder Sommer wird Pablo mit höheren Einnahmen rechnen können. Wie er damit überlebt, bleibt mir allerdings ein Rätsel.

25: Brücke über den Rio Salado

Ich mache mich auf zur Brücke, die über den Fluss führt, der hier immerhin rund zwanzig Meter breit ist (Abb. 25). Zur Meeresseite verläuft er allerdings eher im Sande und erreicht gerade noch mit Müh und Not und einer Tiefe von rund zehn Zentimetern das Meer. Vorne am Strand lässt er sich auch ohne Brücke barfuß durchqueren.

Gleich hinter der Brücke befindet sich ein großer flacher Rinderstall in einer urwüchsigen Wiesenlandschaft. Die mächtigen Rinder grasen auf der angrenzenden Weide. Es sind Riesenkolosse, denen man nicht in der freien Natur begegnen möchte. In kunstvoller Manier hat der in Conil ansässige Maler Adrian Torres (geb. 1982) die westliche Stallseite mit einem zwanzig Meter breiten Fries von Rindern in kräftigen Farben dargestellt (Abb. 26). In Überlebensgröße schauen die Tiere auf den Betrachter am schmalen, steinigen Weg: Eine wirklich gelungene Hommage an diese großartigen, mächtigen Rinder von Conil.

26: Rinderfries von Adrian Torres

An dieser Stelle beginnt der breite, zwölf Kilometer lange Strand der Playa Castilnovo. Er hat eine gigantische Weite, die in der Unendlichkeit zu verschwinden scheint. Von hier aus sind es bis zum Wasser rund fünf Minuten Weg durch den Sand. Bei milden Wassertemperaturen von 16 Grad wandere ich barfuß der Morgensonne entgegen (Abb. 27).

27: Brunnen am Rinderstall

Kaum einem Menschen begegne ich. Nur ab und zu kommt ein Jogger entgegen, oder auch mal ein Reiter auf einem Pferd oder ein Radfahrer, denn der Strand ist breit und fest, so dass er eine ideale Piste für Strandradler bietet.

Während sich rechterhand das Meer in seinen endlosen Wellenbergen am Strande bricht, erstreckt sich linkerhand bis zum weit entfernten Dünensaum eine breite Sandfläche, die in den unterschiedlichsten Farbnuancen im Morgenlicht schimmert. Mal sind es weite Felder von angeschwemmten Muscheln, mal sind es vom Wind verwehte Formationen, mal ist es ein weicher warmer beiger Sand, mal ein fester, dunkler vom Wasser überschwemmter Boden, den meine Füße ertasten (Abb. 28).

Unendlichkeit wird hier erfahrbar. Vielleicht ist es genau das, was mich immer wieder an das Meer treibt: die unbeschreibliche Weite. Vielleicht ist es der unauflösbare Gegensatz vom eigenen endlichen Dasein und dem großen unendlichen Sein. Was stört es schon die Welt, ob ich oder ein anderer genau hier und heute entlang laufe. Die Erde braucht nur einmal zu „hüsteln", wie beim Seebeben von 1755 oder beim marokkanischen Erdbeben von 2023 und die Zivilisation gerät vor Ort ins Wanken. Die Welt wird weiterbestehen, ob mit oder ohne die gerade auf der Erde anwesenden Menschen, denen auch nur eine sehr begrenzte Aufenthaltsdauer auf diesem Planeten zugedacht ist. Der Strand, die Muschelschalen und die Dünen sind viel älter.

28: Zeitzeugen an der Playa de Castelnovo

So fliegen die Gedanken beim Strandspaziergang in ferne Dimensionen. Der Wind weht den Kopf frei und inmitten der Weite lässt es sich prima frei und ungezügelt in alle Richtungen denken. Die Coniler Strände bieten hierfür die idealen Voraussetzungen.

Nach zweieinhalb Kilometern passiere ich den zwanzig Meter hohen mächtigen Turm Castelnovo. Er wirkt gewaltig in seiner schlichten Größe mitten in der flachen Dünenlandschaft. Hier ließe sich so manche

Szene eines Abenteurerfilms drehen, ob mit Piraten, Rittern oder anderen zwielichtigen Gestalten. Die Raben und die Möwen umkreisen den Turm und lassen sich in seinem Inneren nieder, bevor sie wieder kreischend über das Meer ziehen (Abb. 29).

29: Torre de Castelnovo

Ich frage mich, was der Grund gewesen sein könnte, gerade hier einen riesigen Turm zu errichten. Angeblich diente er zur Sichtung der Thunfischschwärme. Das wäre jedoch auch vom Turm in El Palmar oder vom Guzmanturm aus möglich. Eine Erklärung bietet sich an, wenn ich von hier aus nach Nordosten schaue. Dort erkenne ich am Horizont in rund dreißig Kilometer Entfernung die Bergspitze der ehemaligen Provinzhauptstadt Medina-Sidonia. Von Castelnovo aus gibt es also einen Sichtkontakt, der vom Guzmanturm in Conil aufgrund der Lage am südlichen Ortsrand nicht möglich ist. Folglich ließen sich auf diesem Weg über Feuer- und Rauchzeichen Nachrichten in die Residenzstadt senden. Von dort aus konnten die Informationen sogar bis nach Cádiz oder Jerez de la Frontera gelangen, denn auch dorthin gibt es noch heute eine Sichtverbindung nach Medina-Sidonia.

Ich lasse den Turm links liegen und wandere weiter gen Süden. Nach zwei Kilometern erreiche ich den Arroyo Conileto, der das Hinterland entwässert und in den Dünen versickert, denn seine Kraft reicht nicht aus, um den mächtigen Strand zu durchdringen und in das Meer abzufließen.

Hinter dem Fluss beginnt die Siedlung El Palmar, ein Siedlungsgebiet, das aus

Hütten und Einzelhäusern besteht, das schon nicht mehr zu Conil gehört (Abb. 30).

30: Strand in El Palmar

Und dennoch ist es ein Teil dessen, was Conil ausmacht, denn hier hat sich eine ganz eigene Welt eingerichtet: die Kinder der „Kinder von Torremolios", die „Übriggebliebenen" der 60er und 70er Jahre haben sich hier mit ihren bunten Wohnmobilen gefunden und eingerichtet. Ein kleines, ganz eigenes und ganz anderes „Paradies", als drüben in Conil. Eigentlich war El Palmar Brachland. Ein Felsvorsprung mit einem alten Signalturm ragt hier ins Meer. Auf den Feldern sind dann irgendwann die ersten Hütten entstanden, zunächst aus den Ruinenresten, die das 1755 zerstörte Conileto rund um den Turm Castelnovo hergab.

Es folgten sandige Zuwege von der Hauptstraße und ein schmaler Strandweg. Noch heute hat El Palmar den Anschein des Provisorischen, des Nicht-Fertigen. Das ist natürlich auch kein Wunder, denn die komplette Bebauung der Siedlung ist jenseits der Legalität entstanden, was heute aber niemanden mehr stört.

31: Surferparadies El Palmar

Hier in El Palmar wird heutzutage gesurft und gekitet und in den Strandbars entlang der schmalen Küstenstraße lässig Bier getrunken (Abb. 31). Mit Fantasie und bunten Farben findet sich ein Surfcamp neben dem nächsten. Die „Cádizfornia-Bar" gibt sich ganz entspannt einem kalifornischen Anschein hin, ebenso die „Havanita-Bar" im kubanischem Stil.

32: Mercado in El Palmar

Im „Mercado Atlantico", der wie eine alternative Kooperative anmutet, lassen sich farbenfrohe Batikshirts, Hoodies mit Gitarren- und VW-Bulli-Motiven sowie blumige

Flipflops erwerben (Abb. 32). Auch Silber-
schmuck „Made in Palmar" ist im Angebot.
Wer auf Revival-Atmosphäre abfährt, ist hier
goldrichtig und findet Gleichgesinnte zu
Hauf. Vielleicht ein Ort zum Wiederkom-
men?

7

DIE FISCHEREI

„Almadrabas sind tatsächlich schon aus der Zeit der Phönizier bekannt. Allerdings wurde damals für den Eigengebrauch und in vollkommen anderen Dimensionen gefischt. Heutige Netze sind bis zu fünf Kilometer lang. Wurden im 17. Jahrhundert noch Fänge von 120 Tonnen pro Jahr dokumentiert, sind es inzwischen über 800 Tonnen jährlich. "

Jörn Selling, Meeresbiologe, 2016

Für Conil ist die Fischerei, insbesondere die Thunfisch-Fischerei, ein langes historisches Kapitel. Die Fangboote, die einst an den Stränden von Conil lagen, finden sich heute als historische Reminiszenzen auf der Strandpromenade oder sogar auf dem Berg neben der alten Mühle. Der Hafen von Conil ist wenige Kilometer weit nach Norden gewandert, dort wo am Cabo de Roche eine

kleine Bucht einen natürlichen Hafen bildet
(Abb. 33). Von Conil ist es ein etwa einein-
halbstündiger Fußmarsch entlang der Steil-
küste, die sich nördlich des Ortszentrums am
Meeressaum entlang zieht.

33: Conils Hafen am Cabo de Roche

Hier, wo der Rio Roche sich zwischen Pinienwäldern schlängelt und schließlich
in das Meer mündet, findet sich noch eine
kleine Flotte von Fangbooten. Die größeren
Fischereihäfen befinden sich in Cádiz, Barbate und Tarifa, wo sich eine bedeutende
Fischindustrie entwickelt hat. Insbesondere
der Thunfischfang ist es, der an der hiesigen

Atlantikküste betrieben wird und für den die Häfen bekannt sind. Der weltweite Fang wird jährlich auf zwei Millionen Tonnen geschätzt, wobei die Zahlen aufgrund von Überfischung rückläufig sind. In Conil und Umgebung findet der Thunfischfang im Frühling statt, dann, wenn die Fische zum Laichen in die Gewässer rund um die Straße von Gibraltar kommen.

34: Eingang zur Chanca in Conil

Schon in antiker Zeit war der Thunfischfang, die Almadraba, hier bekannt. 1572 hieß es über Conil: *„Conil, ein herrliches Städtchen in Spanien, bekannt durch seinen Fischreichtum, insbesondere durch den Thunfisch, der dort in großen*

Mengen gefangen wird. Dieser Ort scheint von Natur zum Fischfang bestimmt zu sein... Dort liegt ein fürstliches Schloss und daneben ein sehr großes Haus, La Chanca de Ducque genannt, wo die Fische in Stücke gehauen, gesalzen und danach in unglaublichen Mengen mit großen Schiffen nach Italien und in den ganzen Mittelmeerraum ausgeführt werden. " (Abb. 34)

35: Salzbecken in der Chanca

Der Kupferstich von Georg Hoefnagel (1542-1600) aus dem Stadtatlas von Georg Braun und Frans Hogenberg von 1575 zeigt anschaulich die Darstellung der Fischverarbeitung (Abb. 1). Im Hintergrund sind die Fischerboote und die Netze vor dem großen Gebäude der Fischfabrik, der Chanca, zu sehen. Die Fische werden zum Trocknen aufgehängt, dann geschlachtet und in großen Becken mit Salz gepökelt (Abb. 35). Schließlich werden die Stücke in Fässer gelegt und zum Transport bereitgestellt.

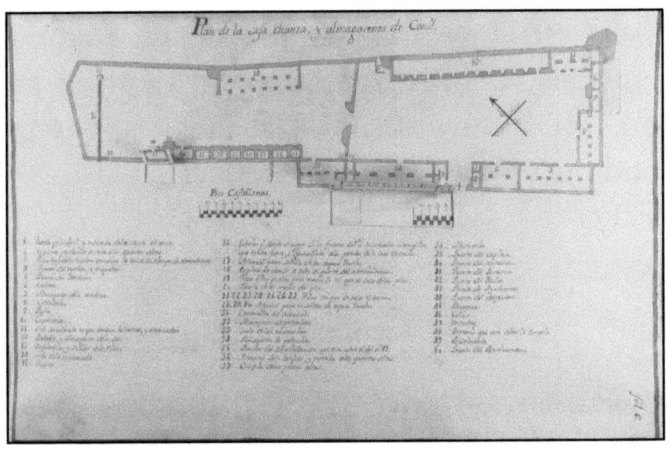

36: Plan der Chanca, um 1700

Was hier am Strand vor der Kulisse Conils dargestellt ist, wird überwiegend in der florierenden Fischfabrik des Herzogs von Medina-Sidonia stattgefunden haben (Abb. 36). Die Flut von 1755 hat dann alle Gebäude vor der Stadtmauer zerstört oder komplett weggespült. Auch der Verwalter des Herzogs, Don Bartolome de Arrafan Ronquillo, fand hierbei den Tod.

Noch heute werden die Thunfische auf ähnliche Art wie vor vierhundert Jahren gefangen. Für die Conilenser diente der Turm von Castelnovo als Spähturm, um die ankommenden Thunfischschwärme im Frühjahr zu orten. Dann wurden die Fangnetze ausgelegt und mit großen Ankern am Meeresboden gesichert.

37: Anker am Cabo de Roche

Unterhalb des Leuchtturms am Rio Roche liegen mehrere tausend Anker, die noch heute zur Almadraba, zum Thunfischfang hervorgeholt werden und in einem speziellen System im Meer niedergelassen werden, um mit den daran befestigten Netzen die großen Schwärme einzukreisen und letztlich zu erlegen (Abb. 37).

38: Thunfischfries von Adrian Torres, 2023

Das wunderbare knapp fünfzig Meter lange und sechs Meter hohe Wandgemälde an der Chanca in Conil, gerade erst von dem Maler Adrian Torres vollendet, zeigt in eindrucksvoller Weise den Weg, den die Fische aus dem Ozean nehmen, bevor sie in den Netzen der Fischer landen (Abb. 38). Im angeschlossenen Museum sind noch heute die alten Salzbecken zu sehen, die wohl nach der Flut von 1755 angelegt wurden und einst zur Aufbereitung des Thunfischfleisches dienten.

8

DAS FEST

„Begehe nicht den Fehler und glaube, du wärst um 16:00 Uhr zurück in Conil. Das klappt bei der Romería nie und am Ende wird es später als geplant und dunkel."

Michael Schossow, Blogger, 2017

An diesem Sonntag muss ich früh aufstehen. Heute findet die Romería de San Sebastián statt, ein ganz außergewöhnliches Stadtfest, das nun, Anfang Januar, so gut wie ohne Touristen auskommt. Zu dieser Zeit sind die Conilenser unter sich. Und sie genießen es.

Glockengeläut ist zu hören. Um 9 Uhr beginnt der Gottesdienst in San Catalina oben auf dem Berg. Ich eile durch die leeren

Gassen an diesem frischen Januarmorgen. Die Sonne steht noch tief und lässt den Straßen ihre langen Schatten. Die Kirche ist komplett gefüllt. Nur von der geöffneten Eingangstür ist ein Blick auf die Messe zu erhaschen. Die Nische oben links im Hauptaltar ist leer. Sie beherbergt normalerweise den Heiligen Sebastián, den Schutzpatron von Conil. Heute geht Sebastián auf Reisen (Abb. 39).

39: Festkarren für San Sebastián

Sebastián soll sich einst als Hauptmann der römischen kaiserlichen Garde im 3. Jahrhundert n.Chr. öffentlich zum Christentum bekannt haben. Daraufhin ließ ihn Kaiser Diokletian von Bogenschützen erschießen. Sebastián war jedoch nicht tot, sondern wurde von einer frommen Witwe namens Irene gesund gepflegt. Nach seiner Genesung kehrte er zu Diokletian zurück und bekannte sich erneut zum Christentum. Der ließ ihn nun mit Keulen erschlagen, was Sebastián diesmal nicht überlebte. So ist er zum Heiligen geworden, der seit Jahrhunderten verehrt wird: Ein Mensch der für seine Überzeugung gestorben ist, wie es noch heute so manchem ergeht.

40: Die Reiter sammeln sich am Morgen zur Romería

Der Ursprung der Romería zu Ehren des Hl. Sebastián reicht bis ins 16. Jh. zurück, wird aber erst seit den achtziger Jahren in der heutigen Art gefeiert. Romería bedeutet so etwas wie eine Wallfahrt nach Rom. Dabei geht es heute jedoch nicht in die italienische Hauptstadt, sondern in das neun Kilometer entfernte El Colorado, zu einer kleinen Kapelle in einem Pinienwald namens Parroquia Nuestra de Fatima.

41: Ein Schluck am frühen Morgen

Vor der Kirche wartet schon der mit gelben und orangenen Rosen geschmückte weiße einachsige Ochsenkarren, der mit einem Baldachin ausstaffiert wurde. Hier hinein wird die lebensgroße Statue gleich getragen. Doch noch ist es nicht so weit, die Messe ist noch im Gange.

42: Die Fahnenreiter

Draußen steht bereits das Einsatzfahrzeug der Guardia Civil, das dem Festzug vorausfährt. Aber noch sitzen die beiden Polizisten entspannt im angrenzenden Café und trinken ihren Morgenkaffee. Ich höre das Geklacke von Pferdehufen in den Gassen (Abb. 40). An der Nordseite der Kirche sammeln sich die ersten festlich geschmückten Karren.

Sie werden zumeist von Maultieren gezogen. Und dann tauchen auch schon die ersten Reiter hoch zu Ross auf. Sie sind dezent elegant gekleidet. Die Frauen, zum Teil im Damensattel, tragen häufig einen einfarbigen Poncho, dazu einen karierten Rock. Ganz wichtig sind die Lederstiefel, ein eleganter Hut mit breiter Krempe und ein knalliger roter Farbton auf den Lippen (Abb. 41).

43: Treffpunkt für die Schönheiten des Ortes

Die Reiter tragen eine wollene Jacke oder eine Weste, bisweilen einen Sombrero, aber noch öfter eine kleinkarierte Mütze mit einem schmalen Schirm aus edlem Tuch. Die Farben sind zumeist bräunlich-beige, gedeckt, bisweilen grünlich. Auch hier sind die Stiefel ein absolutes Muss.

Jetzt wird auch schon mal eingeschenkt in die mitgebachten Gläser. Oder direkt aus dem Trinkschlauch, der von Reiter zu Reiter weitergereicht wird und von dem sich ein gezielter Strahl in die Münder hoch zu Ross ergießt.

Nun kommen auch die Fahnenträger auf ihren Pferden angeritten, die den Zug anführen werden (Abb. 42). Musik erklingt und die Musikanten mit Trommel und Pfeifen nehmen Aufstellung. Auch die Polizisten sind nun zu ihrem großen Wagen geeilt und schon mal ein Stück vorgefahren. Als dann die Glocken der Santa Catalina erneut erklingen, wird die Statue des Sebastián auf den Karren geladen und der Prozessionszug setzt sich ganz langsam in Bewegung. An die dreißig Reiter ziehen vorbei, bis der Karren mit dem Heiligen auch mich erreicht. Eine fröhliche, ruhige Atmosphäre macht sich breit. Die Passanten beginnen sich einzureihen in den großen Zug.

Auch ich geselle mich für einige Schritte dazu. Dann stelle ich fest, dass sich der Zug im Laufe der ersten hundert Meter neu formiert.

44: Geschmückte Wagen

An der Calle Carretera stoßen große Traktoren mit bunt und üppig geschmückten Anhängern hinzu. Auf und hinter den Wagen finden sich kleine Gruppen von Menschen unterschiedlichen Alters. Sie alle sind überaus vornehm und dezent in ländlichem Stil gekleidet. Es sind anscheinend überwiegend wohlhabende Familien, wohl eher der Landadel, die hinter ihren Wagen hinterher spazieren

(Abb. 43). Das wundert kaum, denn die Gebühr, die bei der Anmeldung für den Umzug zu zahlen ist, liegt für ein Pferdefuhrwerk bei bis zu 400 Euro, für einen Traktor mit Anhänger bei 300 bis 600 Euro (Abb. 44).

45: Und alle laufen mit

Aber auch Jugendgruppen haben ihren eigenen Wagen und andere zusammengehörige Verbündete. Musik schallt durch die Gassen. Mal sind es traditionelle Klänge, mal ist es auch moderne, flotte Musik. Ausgestattet sind alle Festzugswagen mit festen und flüssigen Lebensmitteln aller Art. Ein Brot, ein Schinken, Salatschüsseln sind zu erkennen. Und Weinflaschen oder ganze Kanister, die an diesem Morgen bereits häufig zum Einsatz kommen. So zieht der Zug durch den Ort nach Norden, wo es schon bald aus der Stadt hinausgeht, über die Straßen und Wege bis nach El Colorado, wo gerastet wird, bis es am Spätnachmittag wieder zurück nach Conil geht (Abb. 45).

Mit etwas Distanz ist es schon ein merkwürdiges Bild: Hier der fast nackte Sebastián, von Pfeilen durchbohrt auf einem geschmückten Ochsenkarren, dort eine fröhliche Horde von Menschen, festlich ausstaffiert und bester Laune an diesem Sonntag im Januar. Die christliche Kirche hat manchmal merkwürdige Traditionen entwickelt. Freud und Leid liegen eng beieinander: im Symbolischen scheinbar, wie auch im realen Leben.

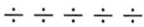

9

DAS KAP

"The Battle of Trafalgar has been so thoroughly threshed out by historians that little new light is thrown on the incidents of the action by the narratives contained in the log books."

Thomas Sturges Jackson, Historiker, 1900

Wenn ich Trafalgar höre, denke ich zunächst an meine Klassenreise im Jahre 1977 nach London, als wir uns an dem benannten Square gegenüber der National Gallery auf einem der kolossalen bronzenen Löwen niedergelassen hatten, um ein Foto zu machen (Abb. 46). Ich war sogar auf den Kopf des Tieres geklettert. Bis plötzlich eine Trillerpfeife erklang und uns ein Bobby mit harschen Worten von dem Denkmalsockel scheuchte. So viel zu Trafalgar. Ja, auch mit einem Admiral Nelson, der irgendwo irgendeine Seeschlacht befehligt hat, hatte ich gehört. Ansonsten hat mich der Name bislang nie wieder erreicht. Das stimmt nicht ganz: Da gab es doch noch die Geliebte Lady Hamilton, die im Oktober 1800 in Hamburg weilte. Aber das ist eine andere Geschichte.

46: *Trafalgar Square, London 1977*

Erst während der Zeit in Conil stolperte ich wieder über den Namen Trafalgar. *„Ganz nett, aber irgendwie eine trostlose Gegend; muss man nicht hin“*, hatte ein unwissender Google-Maps-Kommentator im Netz hinterlassen, als er das Kap, rund fünfzehn Kilometer südlich von Conil aufsuchte. Welch ein Irrlicht der digitalen Empfehlungskultur! Das Gegenteil ist der Fall. Das Cabo de Trafalgar ist ein faszinierender, einzigartiger Ort. Dass er dazu noch in die europäische Geschichte eingegangen ist, wird man eher als Randbemerkung abtun, sobald man dort ist.

47: Los Caños de Meca am Cabo de Trafalgar

Das Cabo de Trafalgar befindet sich wenige hundert Meter westlich des kleinen Ortes Los Caños de Meca, unterhalb des gleichnamigen knapp einhundertsiebzig Meter hohen Bergrückens (Abb. 47). Von hier aus erstreckt sich eine fünfhundert Meter lange und bis zu zweihundert Meter breite Landzunge in den Atlantik. Zwei große Strände verbinden das bis zu zwanzig Meter hohe felsige Kap mit dem Festland.

48: Leuchtturm am Kap Trafalgar

Dort oben stehen zwei Türme, ein kleinerer aus maurischer Zeit, der als Leucht- und Wachturm diente und ein großer, der vierunddreißig Meter in die Höhe ragt und als nördliche Eingangsmarke der Straße von Gibraltar in dieser Form seit 1860 weit in den Atlantik leuchtet (Abb. 48).

Ich gelange von Norden in das kleine Örtchen Los Caños de Meca, das noch heute einen verträumten Eindruck mit seinen weiten Gärten und seinen alten Häusern macht. Lediglich eine Reihe von fürchterlichen Neubauappartements unmittelbar an der Küste stören das dezente Erscheinungsbild des Ortes. Hier hat eindeutig der Kommerz vor der Beschaulichkeit gesiegt. Sehr schade! An der ausgeschilderten Abzweigung zum Kap sollte man ganz schnell den kleinen Parkplatz wählen und die drei Euro zahlen, die gefordert werden.

49: Felsen am Kap Trafalgar

Wer weiterfährt, der hat kaum eine Gelegenheit zum Wenden und landet dümmsten Falls direkt auf dem Sandstrand. Dann wird es schwierig. Was hier im Sommer mit den ganzen Wohnmobilen los ist, möchte ich mir erst gar nicht vorstellen! Ein kleiner Weg entlang eines Pinienhains führt direkt zum Strand. Sobald sich der Blick hinter den Bäumen weitet, erscheint ein imposantes Panorama. Links das Örtchen Los Caños de Meca, rechts der schlanke Leuchtturm auf dem Felsen und dazwischen eine riesige feinsandige Bucht, an der sich jetzt nur ein paar Surfer im Wasser tummeln.

50: Faro de Trafalgar

M an kann den direkten Weg zum Turm wählen, wenn man will. Viel eindrucksvoller ist allerdings der Weg am Wasser, entlang der Bucht bis zu dem Felsplateau, das weit ins Meer ragt (Abb. 49).

51: Blick vom Leuchtturm Richtung Norden

Hier liegen riesige, tonnenschwere Felsbrocken, die bei der großen Flut von 1755 auf das Felsplateau geworfen worden sind. Hier müssen die Wellen dafür über zwanzig Meter hoch gewesen sein, wie geomorphologische Untersuchungen ergeben haben.

O berhalb des Felsplateaus finden sich die Fundamente römischer Bauwerke, die auf einstige Thermen schließen lassen. Dafür muss man allerdings auf die Felsen klettern, was nicht ganz ungefährlich ist. Am Ende des Strandes führt ein schmaler Holzsteg hinauf zum Leuchtturm (Abb. 50). Mit seinem kannelierten Rumpf wirkt er geradezu elegant in dieser wilden Naturlandschaft. Oben angekommen bietet sich ein faszinierender Rundblick über das Meer und die umliegende Dünenlandschaft (Abb. 51). Mit etwas Geschick lässt sich das Areal rund um den Leuchtturm umrunden. Dabei sind die Wege an der Felsklippe allerdings nicht gesichert und eine absolute Schwindelfreiheit ist erforderlich.

Von dem, wovon Trafalgar – das arabische *aṭ-ṭaraf al-ʾaġar* (Kap des Westens) seine Berühmtheit erlangt hat, ist hier allerdings nichts zu erfahren. Das Kap hatte damit auch gar nichts zu tun. Hier strandete kein Schiff und hier ging auch kein Admiral an Land. Vielmehr ist es die nächst identifizierbare Landmarke von der Stelle, an der am 21. Oktober 1805 die britische Flotte einen strategischen Sieg über die französisch-spanische Flotte erreichte (Abb. 52).

Kommandant war der seither berühmte Admiral Horatio Nelson, der den Triumpf zwar nicht mehr miterleben konnte – er verstarb der Überlieferung nach bei der Mitteilung des Sieges – , aber dafür ein ehrendes Andenken in der britischen Hauptstadt bekam (Abb. 46).

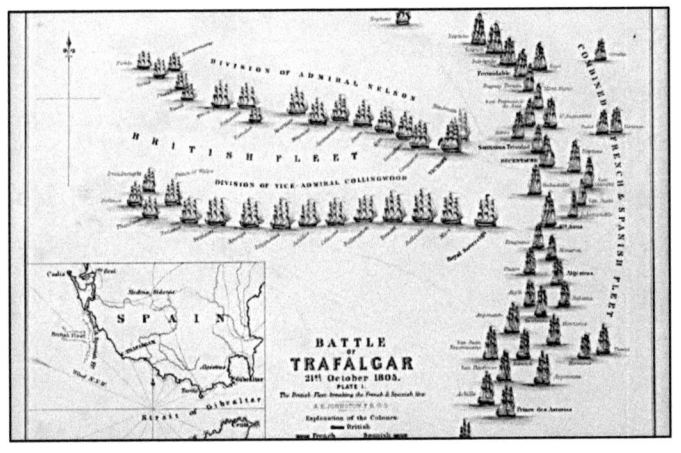

52: Battle of Trafalgar, Alexander Keith Johnstone, Kupferstich von 1848

Doch eigentlich ist der Ruhm des Kaps kein echter. Ich mache mir die Mühe und überprüfe die historischen Daten. Und siehe: Die legendäre Seeschlacht hat gar nicht hier stattgefunden, sondern - vor Conil. Ich falle beinahe vom Stuhl, als ich dieses herausfinde. Ein ganz wichtiges Indiz ist der Kupferstich von Alexander Keith Johnstone von 1848. Dort ist nicht nur die Aufstellung der beiden Flotten zu sehen, sondern in einer kleinen Karte unten links auch die nautische Lage der Szenerie unmittelbar vor Conil (Abb. 53).

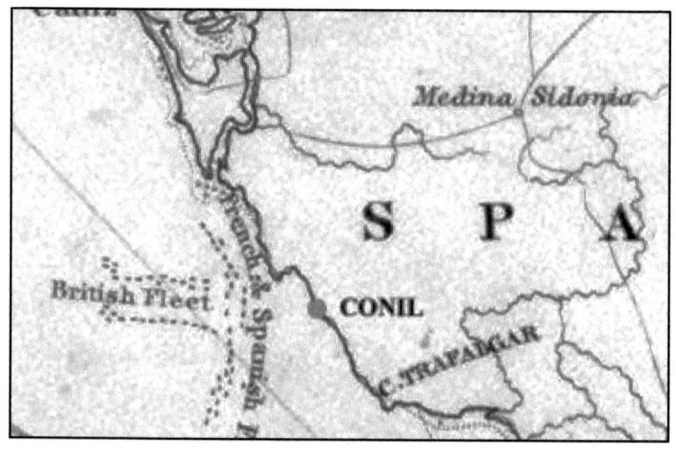

53: Ausschnitt aus Abb. 52 (mit Markierung Ortslage CONIL)

Demnach müsste es statt „Battle of Trafalgar" eigentlich „Battle of Conil" heißen. Auch der Platz vor der National Gallery an der Themse sollte eigentlich „Conil Square" heißen. Aber welcher Seemann kannte im 19. Jahrhundert schon Conil? Hingegen war das Kap Trafalgar als nördliche Landmarke der Straße von Gibraltar allen bekannt. So lässt es sich erklären, dass das kleine weiße Dorf an der spanischen Westküste um seinen verdienten Ruhm kam. Vielleicht ist dies aber auch ganz gut so, denn Conil blieb somit für lange Zeit ein unbekanntes Dorf an der Atlantikküste.

Verwunderlich ist allerdings, dass das Ereignis in Conils Ortsgeschichte keine besondere Erwähnung findet. Für die Conilenser muss es vor gut zweihundert Jahren ein unbeschreibliches Erlebnis gewesen sein, als sich am Mittag des 21. Oktober 1805 die Segelschiffe vor dem Ort versammelten und sich hier die größte Seeschlacht der Segelschiffära abspielte, darunter das größte Kriegsschiff der Zeit, die unter spanischer Flagge segelnde „Santísima Trinidad". Der britische Militärhistoriker John Keegan (1934-2012) beschrieb das Ereignis treffend wie folgt: *„Die weißen Segel, lackierten Spiere und hellen Seiten von sechzig Kriegsschiffen, die über eine Quadratmeile langsam im Atlantik aufeinander zugleiten, waren tatsächlich ein Anblick, den nie jemand vorher* *gehabt hatte und den niemand jemals wieder haben sollte.* "Es muss ein gewaltiges Getöse gewesen sein, als Hunderte von Kanonen ihre Salven abfeuerten, als Masten und Bootswände splitterten und schließlich am späten Nachmittag das gerade ein Jahr alte französische Linienschiff „Achill" explodierte und allein vierhundertachtzig Mann Besatzung mit in den Tod riss. Zahlreiche Rettungsboote mit verletzten Seeleuten müssen in diesen Stunden an den Stränden von Conil gelandet sein. Rund dreitausend Tote und knapp viertausend Verletzte waren zu beklagen. Und unzählige Wrackteile müssen noch über Wochen und Monate angespült worden sein.

Der spanische Maler Francisco Sans Cabot (1828-1881) stellte in einem heroischen Gemälde, das sich im Prado in Madrid befindet, die Mannschaft der „Neptuno" gestrandet an der Felsküste dar. „Episodo de Trafalgar" lautet der Titel des 1862 entstandenen Gemäldes (Abb. 54). Es suggeriert unter dem Titel die gestrandeten Seefahrer der spanischen Marine nach der großen Schlacht. Die „Neptuno" zerschellte allerdings erst wenige

Tage nach der Schlacht in einem Sturm in der Bucht von Cádiz am Strand von El Puerto de Santa Maria. Dennoch liefert das Bild einen Eindruck davon, wie die Geschehnisse der Schlacht von Trafalgar sich auf die Küstenstriche rund um Conil ausgewirkt haben mögen und was die Bewohner einst erlebten.

54: Francisco Sans Cabot: Episodo de Trafalgar, 1862

Zurück zu dem faszinierenden Kap Trafalgar, das letztlich sehr wenig mit der Seeschlacht zu tun gehabt hat. Eine britisch anmutende Bar am Strandweg nach Los Caños de Meca ist der einzige Hinweis auf den einstigen Gegner der Spanier und Franzosen zur See (Abb. 55). Hier wird sogar britisches Bier ausgeschenkt. Die zahlenden Touristen von der Insel werden es den findigen hiesigen Geschäftsleuten danken.

55: Strandbar am Kap Trafalgar

Nun gilt es Abschied von Trafalgar zu nehmen. Von Los Caños de Meca aus führt eine gut ausgebaute Straße hinauf auf den Bergrücken von Meca. Hier lässt sich auch die etwas verkommene Eremitage des heiligen San Antonio inmitten der weiten Pinienwälder besichtigen, bevor die Straße hinabführt in das urspanische Barbate. Es scheint, als ob der Tourismus hier noch nicht so recht angekommen ist. Wer dieses herbe Feeling liebt, auf den wartet eine schlichte Stadt mit einem großen Fischereihafen und einem weiten Sandstrand unmittelbar vor der Uferstraße.

10

DIE BURG

„Vejers Ortskern windet sich noch um einen inneren Talkessel, und wer sich mit dem Auto hier hinein verirrt, sollte gute Nerven besitzen. Ist selbst mit kleinen Autos das Befahren der engen andalusischen Ortsgassen selten ein Vergnügen, kommen in Vejer noch atemberaubend steile Auf- und Abfahrten hinzu. Sicherer Umgang mit der Handbremse ist also zweite Grundvoraussetzung.“

Martin Haisch, Fenstergucker und Blogger, 2012

Das Leben jenseits von Strand und Wellen ist von Conil nicht weit entfernt. Es ist ein kompletter Perspektivwechsel. Es sind auch nur gut fünfzehn Minuten mit dem Auto, dann befinde ich mich in einer ganz anderen andalusischen Welt: in Vejer oder genau genommen in Vejer de la Frontera, denn die Endung „de la Frontera" tragen hier zahlreiche Orte in ihrem Namen. Sie verweist auf das ehemalige Grenzgebiet zwischen christlichen Ländereien im Norden und maurischen im Süden (Abb. 56).

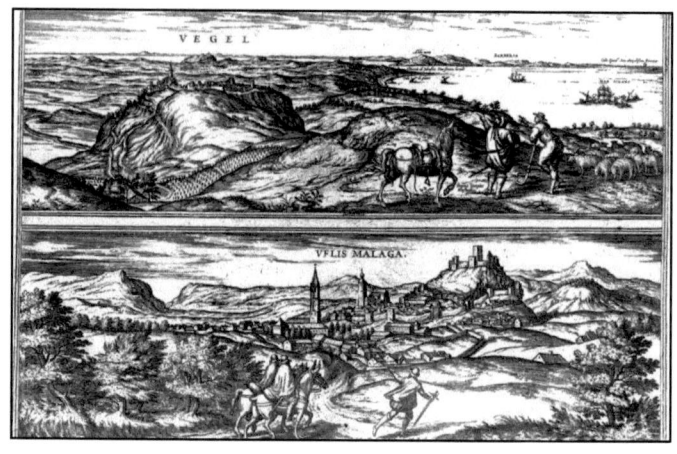

56: *Vejer de la Frontera (Vegel) und Velez-Malaga im 16. Jahrhundert*

Von Vejer heißt es in einer Stadtbeschreibung von 1575: „*Vejer ist aufgrund seiner Lage und seiner schönen Gebäude eine kleine, aber bedeutende Stadt in Hispania Baetica. Nicht weit von dieser kleinen Stadt ist das Meer so schmal, dass es kaum 700 Schritte breit ist. Diese Meerenge trennt Europa von Afrika und die Spanier nennen es in ihrer Sprache Estrecho de Gibraltar, aber ansonsten ist es als Herkuläisches Meer bekannt.*" Damit ist die

Straße von Gibraltar gemeint. Die siebenhundert Schritte sind jedoch etwas untertrieben. Immerhin trennen rund vierzehn Kilometer die beiden Kontinente.

57: Festungsmauern in Vejer

Für Vejer hatte Nachbar Jochen mir besonders viele Empfehlungen mitgegeben: Empfehlungen kulinarischer Art. Ich solle auf jeden Fall dieses oder jenes Restaurant nicht versäumen. Alles gut gemeinte Ratschläge, für die ich dankbar bin. Vielleicht aber eher für das nächste Mal. Jetzt im Januar haben fast alle Gastronomien hier geschlossen.

Schon von weitem sehe ich die weiße Stadt auf dem zweihundert Meter hohen Felsplateau inmitten der flachen Wiesenlandschaft. Vejer ist nicht zu übersehen. Eine steile und kurvige Straße führt hinauf auf den Berg. Gleich links finde ich einen überschaubaren Parkplatz, direkt neben dem Tourismusbüro. Zur ersten Orientierung trete ich ein und frage nach einem Stadtplan.

58: Cerrada-Tor in Vejer

Die Dame am Tresen scheint ganz begeistert zu sein, mir alle Möglichkeiten des Verweilens im Ort erklären zu wollen. Scheinbar bin ich heute (oder seit Tagen?) der einzige Gast vor

Ort. So scheint es zumindest, denn die Straßen und Gassen sind wie ausgestorben. Hat ja auch mal was, denke ich.

59: Gassen in Vejer

Im Sommer ist es hier sicherlich völlig überfüllt, denn der Charme der mittelalterlich anmutenden Stadt ist überwältigend (Abb. 57). Entlang der Stadtmauer taste ich mich nach Süden vor, bis ein kleines Tor Einlass in die Festung gewährt (Abb. 58). Es ist das Cerrada-Tor, vor dem eine düster bekleidete Bronzefigur in arabisch anmutender Kleidung den Besucher empfängt. Cerrada bedeutet

„geschlossen", denn das Tor war viele Jahrhunderte geschlossen, um ständigen Angriffen im Spätmittelalter zu begegnen.

Durch schmale Gassen zwischen weißen Häuserwänden führt der Weg hinauf zum Castillo. Immer einmal wieder öffnet sich eine Lücke zwischen den Mauern und ein Blick auf die weite grüne Landschaft wird möglich. Der Ort scheint völlig verlassen. Mutmaßlich leben die Vejeraner auf dem gegenüberliegendem Hügel, wo ein geschäftiges Kleinstadttreiben von hier aus zu sehen ist. Am Arco de la Villa, im Osten zeigt sich Vejer von seiner einladenden Seite.

Hier liegt die zauberhafte Plaza de España mit einem mächtigen Fayence-Brunnen, einladenden Bänken unter Palmen und umliegenden kleinen Restaurants, die zum Teil sogar geöffnet sind (Abb. 60). Hier machen die Handwerker Mittagspause, hier füttert die Oma mit dem Enkel die Vögel und hier treffen sich auch die jungen Familien zum Plausch.

60: Plaza de España

Unter den üppigen Orangenbäumen geht es weiter nach Norden. Dort befindet sich an der Corredera eine langgezogene Aussichtsterrasse, die im Sommer zum Shopping in kleinen Boutiquen und zum Speisen in diversen Restaurants einlädt.

Von hier aus geht es noch über die Avenida San Miguel zum Windmühlenpark von Vejer (Abb. 61). Dort sind drei alte Mühlen erhalten geblieben und behutsam restauriert worden. Mit ihren neuen dunklen Kupferdächern wirken sie allerdings etwas befremdlich. Auch sind keine Segel gespannt, sodass das typische Windmühlen-Feeling beim Anblick der drei Riesen nicht so richtig aufkommen mag.

61: Windmühlen in Vejer

Richtig stehen sie hier aber sicherlich, denn ein leichter Wind vom Meer ist zu spüren. So ist auch die angrenzende Landschaft südlich von Vejer mit Windkraftanlagen übersät. Aber nicht nur durch Wind wird in dieser Gegend Energie erzeugt. Ein großes Feld mit riesigen Sonnenkollektoren streckt sich entlang der Landstraße N-340, auf der es zurück ans Meer geht.

÷ ÷ ÷ ÷ ÷

11

Die Stadt

„Cádiz hat an besonderen Sehenswürdigkeiten nichts aufzuweisen, absolut nichts, und doch ist es die schönste Stadt Spaniens, jene, wo ich am liebsten wohnen, wohin ich am liebsten zurückkehren möchte."

Ernst von Hesse-Wartegg, Weltenbummler, 1894

Cádiz ist zwar nicht die Hauptstadt Andalusien, aber in gewisser Weise die Hauptstadt der Costa de la Luz. Denn sie verbindet so viel mit den kleinen Küstenstädten im Süden, mit Tarifa, Barbate, Conil de la Frontera, Chiclana de la Frontera und im Norden mit Sanlúcar de Barrameda und Huelva. Und sie hat vor knapp dreihundert Jahren das gleiche Schicksal mit anderen Küstenstädten geteilt, als Hab und Gut der Bewohner und mancher Bewohner selbst in den Fluten des Meeres versanken. Aber das Meer verbindet auch, sowohl die Städte untereinander, als auch die einzelnen Orte mit der weiten Welt (Abb. 62). Und auch der Fischfang, hier insbesondere der Thunfischfang verbindet diese Städte, von denen Cádiz allerdings mit Abstand die größte ist. Mehr als einhunderttausend Menschen wohnen hier auf der Insel, die nur mit einem kilometerlangen Damm und einer 2015 eingeweihten Hängebrücke mit dem Festland verbunden ist.

62: Cádiz aus der Vogelperspektive (Service de Turismo) von Norden

Von Conil ist es nur eine gute halbe Autostunde gen Norden, sobald man meint,

Cádiz vor sich zu haben. Aber das täuscht. Es ist die dicht bewohnte Stadt San Fernando, ebenfalls mit nahezu einhunderttausend Einwohnern. Ich umfahre sie östlich über einen langen Damm, der durch die Salzlagune führt. Während der Verkehr bis kurz vor San Fernando noch recht ruhig bleibt, erhöht sich hier die Taktzahl deutlich. Nicht ohne Grund wird die Höchstgeschwindigkeit auf der Schnellstraße auf achtzig Stundenkilometer reduziert und auch kontrolliert. In einer scharfen Rechtskurve geht es dann gen Norden auf den Damm, der direkt nach Cádiz führt.

Cádiz besteht aus zwei Teilen: Im Süden befindet sich die Neustadt mit Hochhäusern, Hotels, einem Jachthafen, einem Einkaufszentrum und einem wunderschönen nach Westen ausgerichteten Strand, der Playa de la Victoria. Dann erscheint direkt vor der Frontscheibe die alte Stadtmauer wie ein steinerner Riegel auf der Straße. Jetzt heißt es: Links rum oder rechts rum, denn die angrenzende Altstadt ist auf beiden Seiten zu umfahren. Ich entscheide mich für die östliche, rechte Route, vorbei am Kreuzfahrtterminal, an dem vornehmen Hafenviertel und dann entlang der Uferpromenade bis zur Tiefgarage Santa Barbara, am großen Stadtpark an der Seeseite.

63: Castillo de Santa Catalina von 1599 mit Kapelle aus dem 18. Jahrhundert

Von hier sind es nur wenige Schritte zum Castillo de Santa Catalina, der mächtigen Festung aus dem 16. Jahrhundert (Abb. 63). Durch ein imposantes Tor gelange ich hinein und fühle mich sofort in die Filmkulisse eines Piratenfilms versetzt. Eine kleine Kapelle, von Palmen umstanden, bildet den Mittelpunkt dieser schlichten Kaserne mit ihren Mannschaftsunterkünften und ihren Pulverkammern. Ein frischer Westwind weht über die Festung, sodass ich baldigst wieder die Promenade suche.

64: Playa de la Caleta

Hier schließt sich der weite Stadtstrand, die Playa de la Caleta an, die schon für manche Filmaufnahmen eine würdige Kulisse geboten hat (Abb. 64). Vorbei an riesigen Gummibäumen geht es in die Altstadt, in das Viertel La Viña, das eher zum Hinterhof von Cádiz gehört. In den schmalen Gassen wohnen überwiegend sozial benachteiligte Bewohner der Stadt. Bis zur großen Markthalle erstreckt sich ein Quartier, das die Probleme der Stadt in jeder Hinsicht deutlich macht. In der antik anmutenden, mit Säulen umstandenen Markthalle herrscht hingegen ein geschäftiges Treiben (Abb. 65).

65: Markthalle in Cádiz

Die Obst-, Gemüse- und Fischstände im Kern der Hallen werden stark frequentiert. Ebenso die kleinen Bars rund um das Zentrum. Von hier aus ist es auch nur noch ein kleiner Fußweg bis zur großen Attraktion der Stadt, der riesigen Kathedrale aus dem 18. Jahrhundert.

Schon von weitem ist der imposante Bau mit seinen majestätischen Türmen zu erkennen (Abb. 66).

66: Kathedrale von Cádiz

Im Eingangsbereich erfolgt eine flüchtige Taschenkontrolle. Erst als das Ticket für sieben Euro bezahlt ist, wird der Zugang gewährt und ich erreiche eine gigantische sakrale Halle unter einer mächtigen Kuppel in schwindelerregender Höhe. Altäre, Gemälde, Statuen in allen denkbaren Ausmaßen soweit das Auge reicht. Hier wird der einstige Wohlstand des historischen Cádiz als bedeutendste Hafenstadt für den weltweiten Warenverkehr deutlich. Das Gold der Monstranzen und das Silber der Tabernakel sowie das kunstvoll geschnitzte Kirchengestühl beeindrucken in ihrer feinen Ziselierung und ihrer handwerklichen Vollendung. Man braucht ein wenig Zeit, um dieses Bauwerk in seiner Größe zu erfassen. Ich setze mich auf eine Bank und lasse die gewaltige Dimension dieser Kirche auf mich einwirken. Hier wird mir wieder einmal bewusst, wie viel Kraft die Gläubigen einst aufbringen mussten, um ein Gotteshaus in dieser Größe zu errichten.

67: Plaza de San Juan de Dios mit Rathaus

Das grelle Licht von Cádiz blendet, als ich das Kirchenschiff verlasse. Ich mache mich auf zum Hafen, vorbei am mächtigen weißen klassizistischen Rathaus, über die breite Plaza de San Juan de Dios hinunter zum Wasser (Abb. 67). In dem kleinen Park mache ich eine Pause auf einer der sonnigen Bänke zwischen den üppigen Palmen. Ich wende mich nach Norden und komme am monumentalen Denkmal für die Verfassung von 1812 vorbei. Dann geht es nach links Richtung der Plaza de Mina, einem der großen grünen Oasen in der steinernen Stadt (Abb. 68).

68: Grüne Oase in der Stadt: Plaza de Mina

Hier steht das Stadtmuseum von Cádiz, wo ich mir gerne die Kunstsammlung mit den Porträts des spanischen Malers Zurbaran anschauen möchte. Aber leider ist die Abteilung gerade geschlossen. Die dreitausend Jahre alten phönizischen Sarkophage im Erdgeschoss des Museums sind zwar imposant, interessieren mich derzeit aber eher weniger. Im übrigen scheint die Kunst der musealen Inszenierung hier in den sechziger Jahren stehen geblieben zu sein. Neugier weckt sie ganz und gar nicht. Schade.

Vorbei geht es nun an der Iglesia de San Antonio, zurück Richtung nördlicher Festungsmauer, wo der Wagen abgestellt ist. Und schon verlasse ich die alte Festungsstadt Richtung Süden und bin schnell auf dem Verbindungsdamm Richtung Festland. Nach einer halben Stunde erreiche ich Conil und atme bei dem weiten Blick über das Meer und den Strand einmal kräftig durch. Nach den Stunden in den engen Gassen und den alten Gemäuern der Stadt ist es einfach herrlich, die Weite und die leichte Brise zu spüren. Ich steige die schmale Stiege auf das Dach des

Hauses hinauf, nehme noch ein Glas Verdejo mit nach oben und genieße den abendlichen Sonnenuntergang (Abb. 69).

Heute versinkt die Sonne ganz ohne Dunstschleier als roter Ball im Meer. Oder korrekt ausgedrückt: Die Erde dreht sich gerade nach hinten und wir drehen uns einfach mit.

69: Sonnenuntergang in Conil

÷ ÷ ÷ ÷ ÷

12

DAS ENDE

„Ich erinnere mich lebhaft an dieses sympathische Städtchen, den Wellengang und den Blick nach Marokko.“

Anke Höhne, Interkontinental- und Langstreckenschwimmerin, 2024

Am Ende ist alles anders. Das Ende ist nicht vergleichbar. Hier am Ende weht ein besonderer Wind. Und er weht ununterbrochen. Tarifa ist das Ende, nicht nur vieler Reisen, sondern der südwestlichste Punkt des europäischen Festlandes (Abb. 5).

Tarifa ist ein kleiner Ort. Er hat nicht einmal zwanzigtausend Einwohner, ist also kleiner als Conil. Das Besondere an Tarifa ist seine einmalige Lage. Tarifa liegt sowohl am Schnittpunkt zweier Meere, dem Mittelmeer und dem Atlantik, als auch am Schnittpunkt zweier Kontinente, Europa und Afrika. Tarifa war schon immer ein wichtiger Verbindungs- und auch Kontrollpunkt, der die Erdteile und die Meere verbindet. Franzosen, Engländer, Spanier, Türken und Berber haben um diesen Ort gekämpft. Und diesen Einfluss spürt man noch heute in dieser windigen Stadt.

70: Wohnmobile am Strand von Valdevaqueros

Ich erreiche Tarifa in einer knappen Autostunde von Conil aus von Norden. Kurz hinter Facinas geht es hinauf zu einer Art Pass, von wo aus der Wagen hinunter zum Strand von Valdevaqueros fast von selbst rollt. Ein Stückchen weiter reihen sich auch im Winter die Wohnmobile unter den dichten Pinien aneinander (Abb. 70). Die Surfausrüstungen liegen zumeist auf den Autodächern und die Kleinkinder spielen im Sand. Hier hat sich eine ganz eigene Nomadenkultur entwickelt, die von tiefer Ruhe und ausgesprochener Friedfertigkeit geprägt zu sein scheint.

71: Strand von Tarifa

Tarifa teilt sich in die historische Altstadt und in die sich nach Norden erstreckende Neustadt. Hier einen Parkplatz zu finden, ist selbst im Winterhalbjahr nicht ein-

fach. Es gibt da diesen großen Wohnmobil-
platz hinter den Neubauten bei der Autobus-
station. Mit einem kleinen Wagen kann man
aber ohne Probleme die Straße weiterfahren,
direkt bis zum Meer. Nur sollte es vor 14 Uhr
sein, denn dann holen die Eltern hier an der
Grundschule ihre Kleinen ab und dann findet
man keine freie Parklücke mehr.

72: Castillo de Santa Catalina

Ich steige aus und atme erstmal tief durch.
Der Strand ist nach Norden lang und breit,
die Sicht geht bis zur großen Düne bei Valdevaqueros (Abb. 71). Ich wende mich auf der
Promenade nach Süden, Richtung Hafen.

Vorbei geht es an der alten Tunfischfabrik und schnell ist man am Castillo de Santa Catalina, einem etwas verkommenen historistischen Bau von 1930 auf strategisch bedeutsamer Anhöhe (Abb. 72). Seit dem Jahre 2000 steht es leer. Vor mir liegt die Inselfestung San Fernando. Ich will aber keine Festung besuchen, sondern schlängele mich entlang der wenigen geöffneten Straßencafés Richtung Altstadt. Gerade legt die riesige Fähre an, die von hier aus Tanger in dreißig Minuten erreicht. Ein imposanter Katamaran für mehr als siebenhundert Passagiere, der heute jedoch kaum frequentiert ist.

Durch die beschaulichen Straßen der winzigen Altstadt lasse ich mich Richtung Iglesia San Mateo treiben (Abb. 73). Als ich vor der Kirche stehe, die eine Mischung aus verschiedenen Stilen mit einer barocken Fassade ist, halte ich inne. Sie hat für mich etwas Magisches, das ich kaum beschreiben kann. Sie fasziniert mich in ihrer relativen Bescheidenheit, mit ihrer groben Natursteinfassade und ihrem schlichten Portal mit jeweils zwei korinthischen Säulen auf jeder Seite. Daneben der kantige Glockenturm mit seinem klassizistischen Abschluss. Das Kircheninnere bestätigt diesen ersten Eindruck.

73: Iglesia San Mateo

Bei sakralen Räumen ist es für mich immer so, ob mich der Raum berührt oder nicht, - das stelle ich sofort fest, wenn ich ihn betrete. Hier ist es so. Warum, kann ich nicht erklären. Aber nicht nur mir scheint es so zu gehen. Ein Besucher aus Kalifornien schreibt im August 2021 auf Tripadvisor: *„There is a highly positive presence here in the church that is indescribable. I felt at a deep deep sense of peace and understanding here as I sat on the pews. ..."*

Wie bezeichnend, denke ich. Ich habe es ähnlich empfunden.

Hinter der Kirche führt eine kaum genutzte Straße hoch zum Castel und dann wieder hinunter zum Meer. Hier, wo der Fernwanderweg Richtung Osten beginnt, klettere ich einen kleinen Pfad hinunter, ganz bis an den steinigen Meeressaum. Ein guter Platz zum Verweilen, um auf die großen und kleinen Schiffe zu schauen, die die Meeresenge passieren und um hinüber nach Afrika zu blicken, dass so nah ist und doch zugleich so fern (Abb. 74).

Gibraltar-Schwimmer müsste man sein. So nennen sich diejenigen, die von Tarifa aus durch die Straße von Gibraltar nach Marokko schwimmen. Dabei geht es, vorausgesetzt es weht ein Westwind, rund fünfzehn Kilometer durch einen der am meisten befahrenen Seeweg der Welt. Mit Walen, Orcas, Delfinen und diversen Quallenarten, die hier nicht ganz klein sind, muss gerechnet werden. Hinzu kommen starke Winde, wechselnde Sicht- und Wetterverhältnisse. Meine Kollegin

Anke hat das vor Jahren einmal in knapp fünf Stunden geschafft. Sie gehört zu denjenigen, die in reiner Badebekleidung ohne Neoprenanzug schwimmen. Da war der Kontakt mit den Meeresbewohnern wahrscheinlich besonders intensiv.

74: Blick nach Afrika von Tarifa

Später berichtete sie: *„Wie wir es schafften, für uns Schwimmer unbemerkt, die stark befahrenen Schifffahrtslinien zu passieren, ohne dass wir je einem der Containerriesen nahe kamen, ist mir ein Rätsel."* Mir auch, denn der Schiffsverkehr ist enorm.

Ich denke gerade hier am Wasser an die Hunderte, ja Tausende von Seeleuten, die diese Meeresenge jemals durchfahren haben. Es muss für sie immer ein besonderer Moment gewesen sein, das Mittelmeer zu verlassen und den Atlantik zu erreichen. Auch Hinrich Gerckens wird es so ergangen sein, als er zum Jahreswechsel 1727/28 diese Passage durchfuhr. Da ahnten er und seine Crew noch nicht, dass ihr Schiff nur noch wenige Seemeilen weit kommen würde, bevor es von den Kaperfahrern überfallen werden sollte.

Auch im 21. Jahrhundert hat dieser Ort noch eine große symbolische Bedeutung für die Menschen. Selbst Weltumsegler Boris Herrmann ließ am Ende des letzten Ocean Race bei dem Passieren von Tarifa vermelden: *„Die nun von uns zum zweiten Mal durchfahrene Straße von Gibraltar symbolisiert das nahende Ende des Rennens. Das ist ein wundervolles Gefühl für die Crew."* Wer sich mit allen Sinnen in den Gassen von Tarifa bewegt, der kann etwas von diesem wundervollen Gefühl an diesem wunderbaren Ort erspüren.

Ich mache mich auf zur Burg, überquere dort die heimelige Plaza de Santa Maria mit dem witzigen Froschbrunnen und steige drüben in die Altstadt hinab. Durch das alte Haupttor im Norden verlasse ich diesen Teil Tarifas und schlendere auf der Promenade am Atlantik zurück zum Auto (Abb. 75). Von hier aus geht es wieder zurück nach Conil.

75: Stadttor in Tarifa

Und damit ist der Ausflug an das Ende der Iberischen Halbinsel, auch das Ende der Reise nach Conil (Abb. 76). Der Steuermann Hinrich Gerckens geht mir während dieser Reise nie aus dem Sinn. Er ist ein ständiger Begleiter an den Stränden, in den Städten, am Wasser und zu Lande.

Und so habe ich zumindest das Gefühl, mit dieser Reise ein kleines Andenken an den verschollenen Vorfahren bewahrt zu haben.

76: Playa Castilnovo in Conil am Abend

÷ ÷ ÷ ÷ ÷

13

DAS VERMÄCHTNIS

„Auch vor 1726 waren die Kaperungen bereits stark zurückgegangen, während 1727 wieder ein erfolgreiches Jahr für die Korsaren wurde, in welchem sie ganze 25 europäische Schiffe kapern konnten."

Magnus Ressel, Historiker, 2012

Irgendwo hier, an den weiten Stränden zwischen Tarifa und Cádiz ist Hinrich Gerckens in die Fänge seiner Verfolger geraten. In einem Brief vom 18. Oktober 1725 an den Herzog von Medina-Sidonia warnt der Schreiber Joseph Salvador Lopez de Messa vor der Gefahr der Mauren, die in den Gewässern rund um Conil auf Beutefahrt sind und den Thunfischfang gefährden. Dies war gut zwei Jahre später nicht anders, als der gerettete Bootsmann der „Anna Magdalena" berichtete: „*Wir konnten von Land her noch sehen, wie sie alle drei, der Kapitän, der Steuermann und der Geschützmeister, gefangen abgeführt wurden. Inzwischen hatten die Korsaren unsere Flucht bemerkt. Erst schien es, als ob sie mit ihren Booten an Land wollten, um uns doch noch zu fangen. Aber da hatte sich schon allerlei Volk aus dem nahen Dorf am Strand gesammelt, und von allen Seiten kamen immer mehr hinzu. Viele waren mit Flinten bewaffnet, und alle schrien Drohungen gegen die Türkenhunde aus. Deshalb begnügten die sich mit dem, was sie hatten. Ich weiß nicht, wie sie es so schnell geschafft haben, jedenfalls kriegten sie die „Anna Magdalena" flott und setzten Segel. Bald darauf waren beide Schiffe mit südlichem Kurs verschwunden.* "

Für die Hamburger Seeleute gab es die Möglichkeit, sich aus der Sklaverei freikaufen zu lassen. Hierfür wurden mehrere Kassen, wie die Sklavenkasse und die „Cassa der Stück von Achten" eingerichtet oder es wurden Sammlungen in den Kirchen für die versklavten Seeleute durchgeführt (Abb. 77). Die Hansestadt Hamburg hatte zwischen

1711 und 1714 versucht, einen Friedens-
schluss mit den Kaperfahrern im Mittelmeer
zu erzielen. Die Verhandlungen waren jedoch
gescheitert.

77: Holzfiguren der Hamburger Sklavenkasse, 18. Jahrhundert

Für Hinrich Gerckens war das ein verhäng-
nisvolles Ergebnis. Von ihm wird berichtet, dass er nach einem gescheiterten Flucht-
versuch die anschließende Folter und Gefangenschaft nicht überlebte. Er verstarb 1728 im
Bagno, im Sklavenkerker von Algier. Von seinem Begräbnisplatz heißt es: *„Der Friedhof liegt
ganz nah am Strand, im Norden vor der Stadt. Bei
jedem Sturm spült die Flut über die Gräber."* Ein

Kupferstich in der Beschreibung Algiers von Johann von Rehbinder (1733-1809) bezeichnet den Ort der Begräbnisstätten der Christen außerhalb der Stadtmauern und jenseits der Galgen, direkt am Meer, in etwa dort, wo heute der Kettani-Strand liegt (Abb. 78).

78: Kettani-Strand in Algier (vorne rechts), aus Rehbinder (Altona 1798)

Auch der Sohn von Hinrich Gerckens, Claus Gerckens (1721-1801) – auch Nikolaus oder verkürzt Clas Gerkens geschrieben – fuhr zur See und geriet 1744 auf der Hamburger Brigantine „Concordia" auf dem Weg von Menorca in die Straße von Gibraltar ebenfalls in algerische Gefangenschaft. Er wurde jedoch 1747 durch die Hamburger Sklavenkasse freigekauft, fuhr mutmaßlich bis 1769 noch zur See und wurde dann als Admiralitätsherr Verwalter der Sklavenkasse. Um die zwanzig Jahre übte er dieses Amt aus und war dafür zuständig, versklavte Hamburger Seeleute freizukaufen und das nötige Geld dafür zu sammeln und zu verwalten. Er war damit Hamburgs letzter Sklavenvater. 1787 übergab er die angelegten Akten und Verzeichnisse an die Hamburger Admiralität, vertreten durch Johann Bernhard Paschen (1734-1816). Dieser schrieb über Claus Gerckens: *„Er war bisher noch im Besitze von den ältesten Büchern dieses Instituts, auf mein Zuwenden, daß ihm diese Bücher, weder bey seinem Leben, noch mit seinem Tode von einigem Nutzen seyn könnten, entschloss er sich, mir solche auszuliefern diese Bücher, eigentlich 18 Cassa Bücher von 1598-1786."*

Diese Dokumente sind bis auf einen Registerband im Hamburger Staatsarchiv nicht mehr erhalten. Sie sind mutmaßlich beim Hamburger Brand von 1842 zerstört worden. Dies ist um so bedauerlicher, als sie über so manche Kaperung hätten Aufschluss geben können, über manche Freikäufe und vielleicht sogar über das Schicksal von Hinrich Gerckens.

Immerhin hat sich Claus Gerckens, wahrscheinlich auch auf Grund seiner eigenen Erfahrung in der Gefangenschaft, dem Vermächtnis seines Vaters als Hamburger Sklavenvater angenommen. Vielleicht ist das auch der Grund, dass mich das Schicksal der Familie Gerckens aus dem 18. Jahrhundert so berührt, um die Umstände und Orte der Lebensgeschichte des Hinrich Gerckens näher in Erfahrung zu bringen.

Die Quellenlage der ganzen Geschichte ist zwar nicht immer eindeutig, hier und da gibt es Lücken in der Überlieferung und auch nicht jedes Detail ist belegt. Vielleicht hat sich das Ganze so zugetragen, vielleicht auch nur so ähnlich. Sicher ist aber, dass Hamburg alleine zwischen 1719 und 1747 fünfzig Handelsschiffe mit mehr als sechshundert Seeleuten an die Kaperer verloren hat. Zudem existieren zahlreiche Berichte von Hamburger Seeleuten aus der Sklaverei. Insofern sollte mir die Erinnerung an das Schicksal von Hinrich Gerckens zumindest zum Teil gelungen sein. Meine Reise nach Conil hat dazu erheblich beigetragen.

Und so ist eine jede Reise an einen anderen Ort auch immer eine Reise zu einem selbst, eine Reise in die Vergangenheit, in die eigene Vergangenheit. Zugleicht dient sie zur Besinnung auf den Ort, wo man herkommt und ist eine Hilfe zur Beantwortung der Frage, ob man sich noch immer auf dem richtigen Weg befindet.

÷ ÷ ÷ ÷ ÷

DIE ORTE

DIE BILDER

Abb. 1: URL: https://doi.org/10.11588/diglit.12703; Abb. 3: URL: https://doi.org/10.11588/diglit.12703; Abb. 5: Falk Auto-Atlas Europa, 1 : 3 500 000; Abb. 19: Instituto de Estadística y Cartografía de Andalucía: ID 138452; Abb. 21: Luque, L. et al. (2004): 76; Abb. 23: LaSexta: 3D-Simulation, 06.11.23, URL: https://www.lasexta.com/programas/al-rojo-vivo/arv-recrea-maremoto-cadiz-17 55-muestra-realidad-aumentada-cuales-serian-sus-co nsecuencias-hoy-dia _2021060960c0a24d444a890001 43f92c.html; Abb. 36: Santos, A.: El proyecto de la Chanca, 2009, URL: https://conilhistoria.com/el-proyecto-de-la-chanca/ ; Abb. 52: Map of the Battle of Trafalgar, published by William Blackwood and Sons, Edinburgh, London 1848; Abb. 53: Map of the Battle of Trafalgar, published by William Blackwood and Sons, Edinburgh, London 1848; Abb. 54: Museo del Prado, Madrid, P005729; Abb. 56: https://doi.org/ 10.11588/diglit.12703; Abb. 77: Prange, S. 157; Abb. 78: Rehbinder, Bd. 1, 8, No: 9; Umschlagbild: National Library of Israel: Eran Laor Cartographic Collection, Ident Nr. 990033665550205171; weitere Abbildungen durch den Autor

DIE LITERATUR

Adkins, Roy: Trafalgar, The Biographie of a Battle, London 2004

Baedeker, Karl: Oesterreich und Ungarn, Handbuch für Reisende, Coblenz und Leipzig 1873

Barker, Mark et al.: The Reconstruction of Trafalgar, in: Harding, Richard (Ed.): A Great and Glorious Victory, New Perspectives on the Battle of Trafalgar, Barnsley 2008

Braun, Georg; Hogenberg, Frans: Civitates Orbis Terrarum, Köln 1572-1618

Clasen, Armin; Rehders, Walter: Hummelsbüttel und Poppenbüttel, Geschichte zweier Dörfer und ihrer Höfe, Hamburg 1938

Campese Gallego, Fernando J. et al.: Servir al rey ante la adversidad: los informes de corregidores andaluces en torno al terremoto de 1755, in: Bravo Caro, Juan J.; Villas Tinoco, Sirio (eds.): Tradición versus innovación en la España Moderna, vol. I, 2009, Malaga, S. 321-334

Campese Gallego, Fernando J. et al.: Los efectos del maremoto de 1755 sobre las costas andaluzas, in: Bravo Caro, Juan J.; Sanz Sampelayo, Juan (eds.): Población y grupos sociales en el antiguo régimen, vol. I, Malaga 2009, S. 363-377

Friederichs, Hauke: Piraten, Kaperer und Korsaren im Mittelmeer, Bremen 2018

Gerckens, Rainer: Die Gerckens, Eine Hamburger Familienchronik, Privatdruck, Hamburg 2022

Gottlob, Hermann: Lissabon, wie es ohnlängst noch im schönsten Flor gestanden, am 1. Novembr. des 1755sten Jahres aber durch ein entsetzliches Erdbeben in einen Stein-Hauffen verwandelt worden, Stolpen 1755

Hernández Navarro, Francisco Javier et al.: Los corregidores señoriales del ducado de Medina Sidonia en Conil de La Frontera

(1724-1779), in: Baética Estudios de Historia Moderna y Contemporánea, N° 31, 2009, S. 345-379

Höhne, Anke: Einmal nach Afrika schwimmen, Durchquerung der Straße von Gibraltar 2015, URL: https://www.schwimmkalender.de/sk_documents/gibraltar2015.pdf [01.04.2024]

Lappenberg, Johann Martin: Hamburg und das Erdbeben zu Lissabon am 1. November 1755, in: Zeitschrift des Vereins für Hamburgische Geschichte, 4, 1858, S. 275-288

Jackson, T. S.: Logs of the Great Sea Fights, London 1900

Junta de Andalusia (Hg.): Estatistica Pesquera, Lanja de Conil de la Frontera (Cadiz) 1992-2003, Sevilla 2003

Kühn, Johann Michael: Merckwürdige Lebens- und Reisebeschreibung, Gotha 1741

Lario, J. et al.: Tsunami deposits at Torre Castilnovo, Conil de la Frontera, in: J. Lario et al.: Paleoseismicity and Active Tectonics during the Quaternary in the Gibraltar Strait (Betic Cordillera, South Spain), Field Trips Guide, 2009, S. 85-96

Luque, L. et al.: El efecto del tsunami del año 1755 en el litoral de Conil de la Frontera (Cádiz), in: Zona arqueologica 4 (1), 2004, S. 73-82

de Madariaga, C. J.: La gestión municipal del patrimonio cultural, La Chanca de Conil (Cádiz, España), in: Planificación territorial, desarrollo sustentable y geodiversidad, 2016, S. 730-739

Prange, Carsten: Hamburg und die Barbaresken, Herausforderungen der Hamburger Kauffahrer durch die Korsaren, in: Bracker, Jörgen (Hrsg.): Gottes Freund – aller Welt Feind, Von Seeraub und Konvoifahrt, Störtebeker und die Folgen, Museum für Hamburgische Geschichte, Hamburg 2001, S. 152-174

Poblador, Juan José: Conil de la Frontera (Boceto para una historia) Madrid 1983

Rehbinder, Johann Adam von: Nachrichten und Bemerkungen über den algierischen Staat, Bd. 1-3, Altona 1798-1800

Ressel, Magnus: Zwischen Sklavenkassen und Türkenpässen, Nordeuropa und die Barbaresken in der Frühen Neuzeit, Berlin und Boston 2012

Ried, Walter: Deutsche Segelschiffahrt seit 1470, München 1974

Ruhe, Ernstpeter: „Aus Barbareyen erlösett", Die deutschsprachigen Gefangenenberichte aus dem Maghreb (XVI.-XIX. Jh.) und ihre Rezeption, Würzburg 2020

Sachse, Günter: Es waren Räuber auf dem Meer, Die Hamburgische Sklavenkasse, 2. Auflage, München 1988

Santos, Angela; Koshimura, Shunichi: The Historical Review of the 1755 Lisbon Tsunami, in: Journal of Geodesy and Geomatics Engineering 1, 2015, S. 38-52

Santos, Antonio: Conil de la Frontera, Madrid 1988

Santos, Antonio: Conilhistoria-Blog, Conil, historia y patrimonio cultural, 2009, URL: www.conilhistoria.com [01.04.2024]

Schivelbusch, Wolfgang: Geschichte der Eisenbahnreise, Zur Industrialisierung von Raum und Zeit im 19. Jahrhundert, München und Wien 1977

Warnke, Martin: Das Erdbeben von Lissabon 1755 – eine Bewährung der Aufklärung, in: Zeitschrift des Vereins für Hamburgische Geschichte 95, 2009, S. 1-22

Whelan, Franziska; Kelletat, Dieter: Analysis of Tsunamio Deposits at Cabo de Trafalgar, Spain, Using GIS and GPS Technology, in: Kelletat, Dieter (Hg.): Neue Ergebnisse der Küsten- und Meeresforschung, Essener Geografische Arbeiten 35, 2003, S. 11-25

Wilke, Jürgen: Das Erdbeben von Lissabon, in: Europäische Geschichte Online (EGO), hg. vom Leibniz-Institut für Europäische Geschichte (IEG), Mainz 2014-12-18. URL: http://ieg-ego.eu/de/threads/europaeische-medien/europaeische-medien-ereignisse/juergen-wilke-das-erdbeben-von-lissabon-1755 [01.04.2024]

Weitere Berichte aus dem Süden

Rainer Gerckens
Wintertage in Andalusien
Ein Bericht

184 Seiten, 82 Abbildungen,
Ortsregister, Literaturhinweise

BoD Paperback 8,00 €
ISBN 978-3-7448-3668-5

BoD E-Book 4,99 €
ISBN978-3-7578-9631-7

Rainer Gerckens
Zurück nach Fuseta
Eine Erinnerung

128 Seiten, 62 Abbildungen,
Ortsregister, Literaturhinweise

BoD Paperback 8,00 €
ISBN 978-3-7578-1726-8

BoD E-Book 4,99 €
ISBN 978-3-7568-3196-8